세종학당재단
King Sejong
Institute Foundation

세종
한국문화

Sejong Korea Culture

②

세종학당재단
King Sejong
Institute Foundation

2007년 3개국 3개소로 첫발을 내디딘 세종학당은 한국어 학습에 대한 수요가 꾸준히 증가함에 따라 2019년 현재 60개국 180개소로 증가했습니다. 더불어 한국문화에 대한 관심도 날로 높아지고 있어 세종학당재단에서는 〈세종한국문화 2〉를 출판하게 되었습니다.

〈세종한국문화〉는 한국어 학습 및 한국문화에 대한 이해를 돕기 위한 교재입니다. 〈세종한국어〉에서 다루고 있는 내용을 기반으로 하여 한국문화에 대해 더 깊고 재미있게 배울 수 있도록 개발하였습니다. 〈세종한국문화 1〉이 한국문화에 대해 학습자들이 쉽게 접근할 수 있는 내용을 주로 담았다면, 〈세종한국문화 2〉에서는 좀 더 깊은 내용을 담고, 실제로 활동할 수 있는 다양한 활동들을 제시했습니다.

한국문화에 대한 관심이 날로 높아지고 있습니다. 전통문화부터 현대의 대중문화까지 한국의 문화에 대해 알고 싶어 하는 학습자들을 위해 이 교재를 개발하게 되었습니다. 세계가 한국문화를 이해하고 자연스럽게 받아들일 수 있도록 세종학당재단에서 많은 노력을 할 것입니다.

마지막으로 〈세종한국문화 2〉 개발과 출판에 많은 도움을 주신 여러 선생님께 감사의 말씀을 전합니다. 배재대학교 박석준 교수님을 비롯해 교재 개발에 참여해 주신 집필진 분들께 진심으로 감사의 말씀을 드립니다. 그리고 교재 편집과 출판을 위해 큰 노력을 해 주신 ㈜다락원 관계자 분들께도 깊은 감사를 드립니다.

2020년 2월 세종학당재단 이사장
강현화

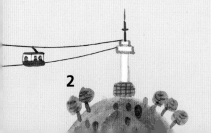

머리말

오늘날 한국어와 한국문화에 대한 세계인들의 관심이 날로 커져 가고 있음을 체감할 수 있습니다. 특히 세종학당재단 설립 이후 세계 곳곳에 세종학당이 세워져 한국어 교육과 문화 교류를 담당하게 되면서 한국어를 매개로 이루어지는 상호 문화 교류의 물살이 더욱 세차게 흐르고 있습니다.

이러한 때에 한국에 대해 관심을 가진 세계인들이 알고 싶어 하는 한국문화, 알려 주어야 할 한국문화란 도대체 무엇이고 어떻게 전달해야 하는가에 대해 고민하지 않을 수 없었는데, 때마침 세종학당재단에서 한국문화 교재 개발을 추진하여 〈세종한국문화 1〉의 발간에 이어 이번에 〈세종한국문화 2〉를 간행함으로써 한국문화 교육의 실재를 구현할 수 있게 된 것을 더없이 기쁘게 생각합니다.

〈세종한국문화 2〉는 〈세종한국어 3, 4〉에서 다루고 있는 문화 항목을 기반으로 하여 기존의 세종학당 한국어 교육 시스템 안에서 문화 교육이 가능할 수 있도록 구성하였습니다. 언어 교육의 한 부분에 지나지 않았던 문화 부문을 실제성 있는 문화 교육 영역으로 확대하고 전문화함으로써, 전 세계 학습자가 알고자 하는 한국문화, 한국 이해와 한국어 학습에 중요한 기반이 되는 한국문화를 학습자 언어 역량에 맞게 개발하고자 하였습니다. 이를 위해 한국인의 삶을 구성하는 한국문화를 범주화하여 가능한 한 다양한 면모를 구성적으로 제시하기 위한 문화 항목의 모듈화를 도모하였습니다. 이러한 과정을 통해 좀 더 현실적이고 다양한 문화 내용을 구성하는 것이 가능해졌다고 생각합니다.

〈세종한국문화〉는 문화 교육을 위한 하나의 교재 이상의 의미를 가지고 있습니다. 이 교재를 통해 흔히 '한국문화' 하면 떠올리게 되는 전통문화만이 한국문화의 전부가 아니라 한국인의 삶의 근저를 구성하고 있는 다양한 면모들이 모두 한국문화임을 분명히 하게 될 것입니다. 또한 한국인의 삶을 세계 속에서 공감받게 하는 것이 문화 교육임을 알리는 계기가 될 수 있을 것입니다.

한국문화를 가르치고 배울 수 있는 표준적 역할을 하는 교재의 간행이 가능할 수 있게끔 적극 지원해 주신 세종학당재단 강현화 이사장님과 관계자 여러분에게 깊은 감사를 드립니다. 또한 새로운 시도를 위해 연구와 토론, 집필에 기꺼이 노력과 시간을 아끼지 않으신 연구진 모두와 ㈜다락원 관계자들에게도 감사의 말씀을 드립니다.

이 〈세종한국문화 2〉를 통해 전 세계에서 한국문화를 친근하게 여기고, 상호 문화 이해의 저변이 넓어질 수 있기를 기원합니다.

2020년 2월
연구 개발진을 대표하여
박 석 준

단원 목표

〈세종한국문화 2〉는 세종학당 수강생의 한국어 의사소통 능력을 향상시키고 한국문화에 대한 이해를 확대하는 데에 필요한 한국문화의 내용을 상호문화주의에 기반하여 수준별로 제시함으로써 한국문화 수업이 가능하도록 설계되었습니다. 〈세종한국어 3, 4〉에 제시된 한국문화 주제 8개를 각각 단원의 대주제로 삼아, 각 문화 주제의 기본 내용을 알기 쉽게 제시하고, 흥미로운 세부 주제와 활동을 통해 문화 내용을 보충·확장하였으며, 한국문화에 대한 깊이 있는 이해까지 가능하도록 심화한 내용을 넣어 총 8개 단원을 구성하였습니다.

단원의 내용 구성

각 단원은 '들어가기, 바로 알기, 두루 알기, 깊이 알기, 정리하기'의 5단계로 구성되어 있습니다.

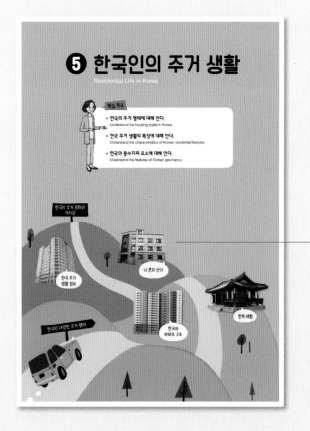

들어가기

단원의 제목 및 해당 단원 전체를 아우르는 학습 목표를 제시하였습니다.

각 유형에서 학습하게 될 내용을 맵(map)으로 제시하여 단원 전체를 확인할 수 있도록 구성하였습니다.

바로 알기

단원의 대주제에서 다룰 수 있는 다양한 소주제를 소개하는 방향으로 내용을 구성하였습니다.

학습자의 관심을 유도할 수 있도록 캐릭터를 통한 내용 소개 및 설명, 사진 속 말풍선 사용, 만화 등 다양한 방식으로 내용을 제시하였습니다.

문화 어휘는 '회색'으로 표시하여 일반 어휘와 구분하였습니다. [부록]에서 해당 어휘를 번역하여 제시하였습니다.

상호문화주의적 관점에서 한국문화와 자국의 문화를 비교하여 설명할 수 있도록 질문을 구성하여, 한국문화와 자국 문화의 유사점과 차이점을 이해할 수 있도록 하였습니다.

학습자가 자기 주도적으로 한국문화를 이해할 수 있도록 질문을 구성하였습니다. 또한 다양한 유형의 매체를 사용하여 학습자 스스로 해당 문화에 대해 추측하고 자신의 생각을 말할 수 있도록 내용을 구성하였습니다.

일러두기

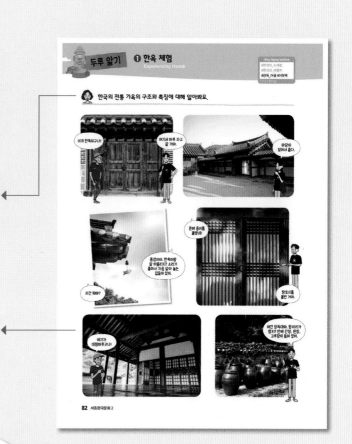

두루 알기

단원의 대주제를 보충 · 확장할 수 있는
다양한 소주제로 내용을 구성하였습니다.

단원을 대표하는 캐릭터를 설정하여 해당
캐릭터가 '두루 알기' 전반을 이끌어 가는
방식을 통해 스토리텔링적 접근을 시도하
였습니다.

학습자의 관심을 유도할 수 있도록 만화,
광고, 팸플릿, 노래, 게임 등 다양한 매체
를 활용하였습니다.

모든 '두루 알기'에는 해당 문화 주
제와 관련된 '키워드'가 해시태크(#)
의 행태로 제시됩니다. '파란색'은 해
당 '두루 알기'의 주제와 관련하여 〈세
종한국문화 1〉에서 다루었던 내용을,
'보라색'은 〈세종한국문화 2〉에서 참
고할 만한 내용을, '검은색'은 해당 주
제를 생각하면 자연스럽게 연상되는
다양한 주제어를 제시한 것입니다. 해
시태크를 활용하여 다양한 주제 확장
및 교실 활동을 할 수 있습니다.

깊이 알기

해당 단원의 대주제를 깊이 알 수 있는 심화 단계로 구성하였습니다.

번역을 염두에 두고 내용을 구성했기 때문에 한국어 수준을 제한하지 않았으며, 영문 번역을 함께 제시하였습니다.

한국 고유의 정신문화를 엿볼 수 있는 내용으로 구성하는 것을 원칙으로 하였으며, 단원의 주제에 따라 과거부터 현재까지의 문화 양상을 소개하였습니다.

정리하기

해당 단원에서 학습한 내용을 다시 한번 확인할 수 있는 다양한 유형의 문항으로 구성하였습니다.

OX형, 선다형, 연결형, 단답형, 서술형 등 다양한 형식의 문항을 단원의 특성에 맞게 선택적으로 구성하였습니다.

부록

내용 구성표

단원	제목	바로 알기	두루 알기	깊이 알기
1	축하 · 기념하는 날	한국의 축하 · 기념하는 날	❶ 기념하는 날 ❷ 국경일 ❸ 의식 ❹ 명절	한국의 축하 · 기념하는 날의 유래
2	한국인의 휴가	한국인의 휴가 모습	❶ 휴식과 힐링 ❷ 도심 속 휴가 ❸ 한국의 휴가지 ❹ 숙박과 교통	한국인의 휴가, 어제와 오늘
3	한국인의 공공 예절	한국인의 다양한 공공 예절	❶ 직장 생활과 공공 예절 ❷ 공동 주택 생활과 공공 예절 ❸ 공동 예절 표지판 ❹ 공공 예절과 법규	한국인의 예절 문화
4	한국의 날씨와 음식	한국의 계절별 음식	❶ 한국의 날씨와 음식 ❷ 더워야 물러가라! ❸ 한국의 겨울 준비, 김장	한국의 기후와 음식

이미영
· 나이: 50세
· 직업: 주부

김남수
· 나이: 52세
· 직업: 회사원

김고운
· 나이: 28세
· 직업: 교사

김가람
· 나이: 23세
· 직업: 대학생

김슬기
· 나이: 18세
· 직업: 고등학생

마르코
· 나이: 23세
· 직업: 대학생
(유학생)

리사
· 나이: 20세
· 직업: 대학생
(유학생)

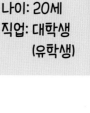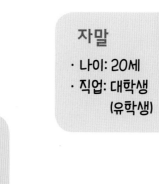

자말
· 나이: 20세
· 직업: 대학생
(유학생)

❶ 축하·기념하는 날
Celebration Days and Anniversaries

학습 목표

- ● **한국의 축하하는 날과 기념하는 날에 대해 안다.**
  Learn about Korean celebration days and anniversaries.

- ● **한국 사람들이 축하하는 날에 무엇을 하는지 안다.**
  Learn what Korean people do on days of celebration.

- ● **한국의 축하·기념하는 날의 유래에 대해서 안다.**
  Learn about the origins of Korean celebration days and anniversaries.

한국의 축하 · 기념하는 날의 유래

의식

국경일

명절

한국의 축하 · 기념하는 날

기념하는 날

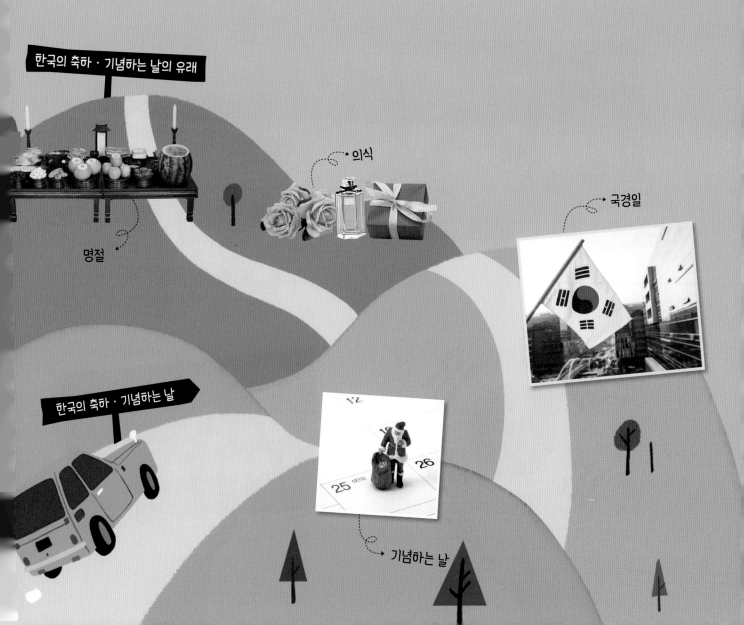

한국의 축하하는 날과 기념하는 날에 어떤 것들이 있는지 알아봐요.

기념일

명절

복 받으세요.

국경일

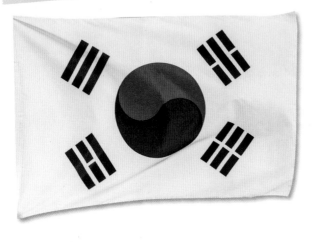

 한국의 국경일에 대해 알아봐요.

광복절 (8월 15일)

한글날 (10월 9일)

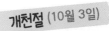 개천절 (10월 3일)

한국의 기념일을 알아봐요.

어린이날 (5월 5일)

어버이날 (5월 8일)

스승의 날 (5월 15일)

 한국의 입학식과 졸업식을 알아봐요.

입학식

졸업식

여러분이 알고 있는 한국의 축하·기념일을 써 보세요.
Write about Korean celebration days or anniversaries that you know of.

여러분 나라에는 어떤 기념일과 축하하는 날이 있어요?
What kinds of celebration days and anniversaries are in your country?

(1) 모든 국민이 축하하고 기념하는 날은 언제예요?
What are the dates that all the people in your country commemorate and celebrate?

(2) 친구나 가족들과 함께 축하하는 날은 언제예요?
What are the dates that friends and families celebrate?

두루 알기 ❶ 기념하는 날
Days of Celebration

King Sejong Institute
#돌잔치
#가정의_달 #5월
#결혼기념일 #생일

 한국에서는 어버이날을 이렇게 보내요.

어버이날은 5월 8일이에요. 이날은 부모님께 감사하는 마음을 전하는 날이에요.

'어버이'는 어머니와 아버지를 함께 부르는 말이에요.

어버이날에는 부모님의 왼쪽 가슴에 카네이션을 달아 드려요.

어버이날 카네이션

❶ ❷ ❸ ❹ ❺

완성컷

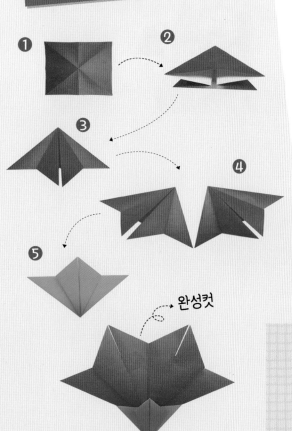

어린이들은 카네이션을 색종이로 직접 만들기도 해요. 그리고 손 편지를 쓰거나 어버이날 노래를 불러 드려요.

부모님께 드릴 카네이션을 만들어 보세요.
Make your own carnation corsages for your parents.

그리고 여러분 나라 말로 부모님께 감사의 편지를 써 보세요.
Write a thank-you letter for your parents in your own language.

 한국에서는 날짜를 세어 기념하는 날을 만들어요.

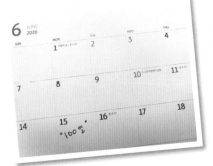

한국에서는 자신에게 특별한 날, 의미 있는 날부터 날짜를 세어 기념일을 만들어요. 보통 100일, 500일, 1000일처럼 '일'로 세기도 하고 1주년, 5주년처럼 '년'으로 세기도 해요.

백일

태어난 지 100일이 되는 날을 백일이라고 해요. 아기가 100일 동안 아프지 않고 잘 자랐기 때문에 이날을 축하해요. 기념 떡을 여러 사람들과 나누어 먹어요.

회갑, 회혼례

태어난 지 60년이 된 날을 **회갑**이라고 해요. 한국 사람들은 결혼한 지 60년이 되면 다시 결혼식을 했어요. 한국 사람들은 60년을 특별하게 생각해요.

이밖에도 한국 사람들은 특별한 날을 오래 기억하고 싶으면 날짜를 세어 기념일을 만들어요.

여러분이 기념하고 싶은 특별한 날은 언제예요?
What are the special days that you want to celebrate?

❷ 국경일
National Holidays

King Sejong Institute
#태극기 #공휴일
#삼일절 #독립
#세종대왕 #훈민정음

 한국의 국경일에 대해서 알아봐요.

국경일이 뭐예요?

국경일은 나라의 기쁜 일을 축하하는 날이에요. 집과 도로에 태극기를 달아요.

광복절

1945년 8월 15일에 나라를 되찾은 것을 기념하여 매년 8월 15일을 광복절로 정하고 기념해요.

한글날

한글은 세종대왕이 만들었어요.
매년 10월 9일에 이것을 축하해요.

'한글 예쁘게 쓰기' 대회를 해 보세요.
Participate in a 'Hangeul Handwriting Contest'.

❸ 의식
Ceremony

한국에서는 성년의 날을 어떻게 보낼까요?

성년의 날

한국에서는 만 19세가 되면 성인이라고 해요. 성인이 된 것을 축하하기 위한 날을 성년의 날이라고 해요. 성년의 날은 매년 5월 셋째 주 월요일이에요.

성년의 날 선물

요즘 사람들은 성년의 날에 장미꽃, 향수 등을 선물해요.

관

비녀

전통 성년례

과거에는 15세에서 20세 사이에 성년례를 했어요. 성년이 된 것을 축하하기 위해 남자에게는 **관**을 씌워 주고 여자에게는 **비녀**를 꽂아 줬어요.

여러분 나라에도 성년이 된 것을 기념하는 날이 있어요?
Are there coming-of-age ceremonies in your country?

그날에 무엇을 해요?
What do people do on that day?

❹ 명절
Holidays

King Sejong Institute
#전통_인사(절)
#한국_음식 #세배
#한가위 #세시풍속 #음력

 한국에서 명절에 무엇을 하고 무엇을 먹을까요?

설날

설날은 한국 사람들이 중요하게 생각하는 명절 중 하나예요.
어른을 찾아뵙고 **세배**를 해요. 그리고 떡국도 먹어요.

새해 복 많이 받으세요.

건강하게 자라라.

추석

추석은 한 해 농사가 잘 끝날 것에 대해 감사하는 마음을 가지고 함께 즐기는 날이에요. 이날에는 새로 나온 쌀과 과일로 음식을 만들어 차례를 지내고 친척들과 나누어 먹어요.

대보름 (정월 대보름)

대보름은 새해가 되고 첫 번째로 보름달이 뜨는 날이에요. 대보름날 저녁에 달을 보고 소원을 빌어요. 그리고 피부병과 같은 병이 생기지 않게 **부럼**을 깨 먹어요.

 ## 한국에서 명절에 무슨 놀이를 할까요?

윷놀이

윷놀이는 명절에 온 가족이 모여서 하는 놀이예요. 윷을 던져서 나온 윷의 모양에 따라 윷판 위에 말을 움직여요. 도착지까지 먼저 도착하면 이겨요.

더위팔기 놀이

정월 대보름에 다른 사람에게 더위를 팔면 여름을 시원하게 보낼 수 있다는 말이 있어요. 그래서 대보름날에 사람들은 먼저 더위를 팔려고 해요.

더위팔기 규칙

❶ 이름을 불렀을 때 친구가 '네?'하고 대답하면 '내 더위 사 가라!'고 말하고 더위를 팔 수 있다.

❷ 이름을 불렀을 때 친구가 대답하지 않으면 더위를 팔 수 없다.

❸ 친구가 내 이름을 불렀을 때 대답하지 않고 먼저 '내 더위 사 가라!'고 빨리 말하면 더위를 팔 수 있다.

반 친구들과 더위팔기나 추위 팔기 놀이를 해 보세요.
Play 'Deowipalgi (Trade the Heat)'or 'Chuwipalgi(Trade the Cold)' game with your classmates.

어린이날

어린이날은 1923년 아동 문학가인 방정환 선생에 의해 만들어졌으며, 그 해 5월 1일 어린이날을 공포하고 기념행사를 치렀다. 국제아동인권선언보다 1년 앞서 발표했다는 것을 비교하면 세계 최초로 어린이날을 공식적으로 기념한 국가라고 할 수 있다. 이날은 모든 어린이가 차별 없이 따뜻한 사랑 속에서 바르고 씩씩하게 자랄 수 있도록 격려하고 위로하기 위해 만든 기념일이다.

Children's day

Children's Day was founded in 1923 by a children's book author named Bang Jeog-hwan, and was proclaimed and celebrated on May 1st. It was the first day in the world to officially celebrate children in that it was announced a year before the International Declaration of Children's Rights. The celebration day was founded to encourage all the children to grow happily in love without discrimination.

'어린이'라는 말은 '나이가 적다'는 뜻의 '어리다'에 '사람'을 뜻하는 '이'가 결합된 단어이다. 1920년에 방정환 선생이 남녀 유소년을 대접하여 지칭하기 위한 말로 '어린이'라는 말을 공식화하여 사용하였다. '어린이'라는 단어를 통하여 어린 아이들이 미숙하고 완전하지 못한 존재가 아니라, 어리지만 독립된 인격을 가진 사람으로서 존중받아 마땅한 존재임을 표현한 것이다. 어린이를 존중하고 귀하게 여기는 인식이 자리 잡은 요즘에도 이 뜻을 기리며 소외된 어린이들에게 관심을 기울이기 위해 5월 5일 어린이날이 계속해서 공휴일로 지정되어 있다.

In the Korean language, the word for child (어린이) is made by combining the two words that mean 'young (어린)' and 'person (이)'. The word was first officially used by Bang Jeong-hwan in 1920 to respectfully refer to the youth. By using this word, it showed that young children were not immature or imperfect beings, but young people with independent personalities that should be respected. Even after respect and care for children had settled in peoples' perception, May 5th is still designated as a national holiday to commemorate its meaning and to pay more attention to marginalized youth in society.

어버이날은 부모의 은혜에 감사하고 유교적인 효 사상의 미덕을 기리기 위한 기념일이다. 한국에서는 1956년에 어머니날에 만들어져서 기념되다가 1973년에 와서 어머니와 아버지의 날이라는 뜻의 어버이날로 되면서 부모님 모두의 은혜를 기리는 날로 바뀌게 되었다. 어버이날에는 자녀가 부모님께 카네이션 꽃과 선물을 드리며 감사의 마음을 전달한다. 그리고 함께 식사를 하며 즐거운 시간을 보내기도 한다.

Parents' Day

Parents' Day celebrates the gratitude for one's parents' love to commemorate the Confucian idea of filial piety. It started from Mothers' Day in 1956 and later became Parents' Day in 1973 to thank both partents. On Parents' Day, the sons and daughters give presents and carnation flowers to their parents to show their gratitude. They also dine and spend time together.

또한 어버이날에는 정부에서도 다양한 행사를 진행한다. 모범 가정을 선정하여 포상하거나 효자·효부를 선발하여 상이나 상금을 주기도 한다. 각 지방 자치단체에서도 지역민을 대상으로 가족 노래자랑, 체육대회, 효도 관광, 카네이션 달아 드리기 등 다양한 행사가 열린다. 이렇게 어버이날을 기념일로 정한 것은 전통적인 경로사상과 효 사상을 계승하고 발전시킬 수 있기 때문이다.

Moreover, some government events take place on Parents' Day. Model families are selected and rewarded, and sometimes prizes are given to devoted sons and daughters. Local governments also hold various events such as family singing contest, athletic competitions, family tours and carnation sharing. Thanks to the traditions of respect for the elderly and filial piety, Parents' Day has thrived and is still celebrated every year.

스승의 날

스승의 날은 스승께 감사한 마음을 되새기며 그 은혜를 기리기 위해 만든 날이다. 스승의 날은 1958년 한 고등학교에서 청소년적십자가 만들어지는 것을 기념하는 행사를 하면서 학생들이 병중의 스승을 병문안 가서 간호하고, 퇴직하신 은사를 찾아가 은혜에 감사하는 마음을 전달하는 데에서 유래하였다. 이를 계기로 스승의 은혜에 감사하는 마음을 표현하는 활동이 주변으로까지 확산되면서 1963년 5월 26일 은사의 날로 정하기에 이르렀다. 그후 1965년 세종대왕을 민족의 큰 스승이라 여겨 세종대왕 탄신일인 5월 15일을 스승의 날로 정하고 기념하게 되었다. 현재 이르러 스승의 날에는 감사 인사를 전하는 편지를 쓰거나 학생들이 단체로 마음을 담아 노래를 불러 드리기도 한다. 그리고 스승은 부모와 같은 존재라는 의미에서 가슴에 카네이션을 달아 드린다.

Teachers' Day

Teachers' Day was founded to commemorate and show gratitude towards teachers. It originated from a high school event in 1958, where during a celebration of the establishment of the Red Cross Youth, students visited teachers who had fallen sick and thanked retired teachers. This movement for thanking teachers spread across the country, and in 1963, May 26th was designated as Teachers' Day. Later, because King Sejong was considered the greatest teacher of the nation, his date of birth, May 15th, was declared as 'Teachers' Day'. Nowadays, students write thank-you letters to their teachers or sing songs together to show gratitude on Teachers' Day. Also, to show that teachers are like parents, students put carnation corsages on their teachers.

이외에 한국은 다양한 종교와 관련한 기념일이 있는데, 그중 일부는 공유일로 지정되어 있다. 그 기념일은 불교에서 모시는 석가모니의 탄생일인 음력 4월 8일의 '부처님 오신 날'과 천주교와 기독교에서 모시는 예수 그리스도의 탄생일인 12월 25일 '크리스마스'이다. 한국은 국교가 없지만 많은 사람들이 믿는 대표적인 종교의 기념일을 공유일로 정해서 기념하고 축하한다. 그 외의 종교들은 자체 행사를 진행하며 기념일을 축하한다.

There are other celebration days related to religions, and some are designated as national holidays in Korea. They are Buddha's birthday, which is the eighth day of the fourth month of the lunar calendar, and Christ's birthday, Christmas which is on December 25th. Korea does not have a state religion. The celebration days of some popular religions are designated as national holidays. Other religions celebrate their religious holidays with their own ceremonies.

〈훈민정음 언해본 서문〉 해석

나라의 말이 중국 말과 달라 한자와는 서로 맞지 않으므로 어리석은 백성이 이르고자 하는 바 있어도 자기 뜻을 제대로 나타내지 못하는 사람이 많아 내 이를 가엾게 여겨 새로 스물 여덟 자를 만들었으니 백성 모두가 쉽게 익혀 날마다 편하게 쓰고자 하는 것이다.

Interpretaion of 'The Hunmin Jeongeum Preface'

Due to the differences with the Chinese language, the Chinese characters are not suitable for our language. I pity my subjects who cannot present their thoughts. Therefore, I have invented 28 new characters that everyone can easily learn and use daily.

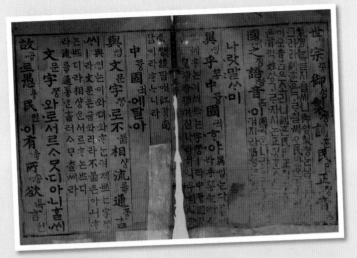

▲ 훈민정음 언해본 서문

한글날은 10월 9일로 세종대왕이 한글을 창제하고 반포한 것을 기념하는 날이다. 한글이 만들어지기 이전의 조선에서는 말은 있으되 고유의 글자가 없어 중국의 문자인 한자를 대신 사용하였는데, 많은 백성들이 한자를 몰라 불이익을 많이 당하였다. 세종대왕은 이러한 백성을 가엾게 여겨 누구나 쉽게 배우고 사용할 수 있는 한글을 만들었다. 그 덕분에 당시 백성들은 물론이고 오늘날의 현대인까지 글자를 쉽게 익히고 편하게 사용할 수 있게 되었다. 한글 창제를 위해 세종 때의 학문 연구 기관인 집현전의 학자들이 많은 연구와 도움을 주었다. 집현전은 한글 창제 외에도 여러 종류의 책을 편찬하는 등 그 시대 문화 발전에 큰 기여를 하였다.

October 9th is Hangeul Day, when people commemorate the creation and promulgation of Hangeul by King Sejong. Before Hangeul was invented, people of the Joseon Dynasty had to borrow Chinese characters to express their own language, which caused many difficulties. King Sejong pitied his people and created Hangeul to let everyone learn and write in their own language. Thanks to King Sejong, even now Korean people are able to conveniently learn and write in their own language. During the time of King Sejong's invention of Hangeul, the scholars at 'Jiphyeonjeon Hall', the academic institution of the time, conducted a great deal of research and aided the King. The institution also greatly contributed to the cultural development of the period by compiling and publishing various types of books.

 이번 단원에서 배운 내용을 확인해 봐요.

❶ 다음을 보고 관련 있는 것끼리 연결하세요.

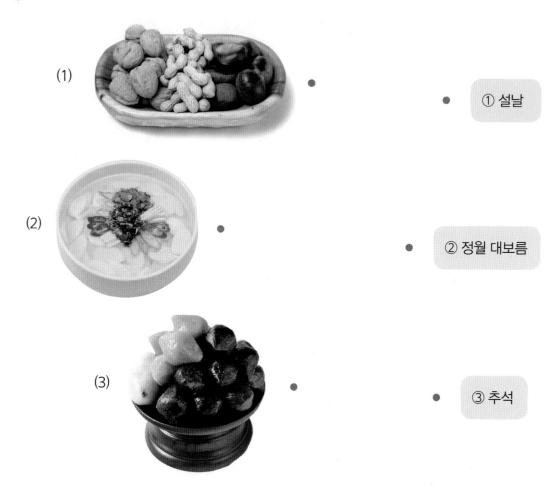

(1)　　　　　　　　　　　　① 설날

(2)　　　　　　　　　　　　② 정월 대보름

(3)　　　　　　　　　　　　③ 추석

❷ 한국의 스승의 날이나 어버이날과 관계가 있는 꽃을 고르세요.

①　　　　　　　　　　　　②

❷ 한국인의 휴가

The Vacations of Korean People

학습 목표

- **한국인의 휴가에 대해 안다.**
  Learn about Korean vacations.

- **한국인이 휴가를 즐기는 다양한 모습에 대해 안다.**
  Learn about various ways Korean people enjoy their vacations.

- **한국인의 변화된 휴가 모습을 이해한다.**
  Learn about the changes in Korean vacations.

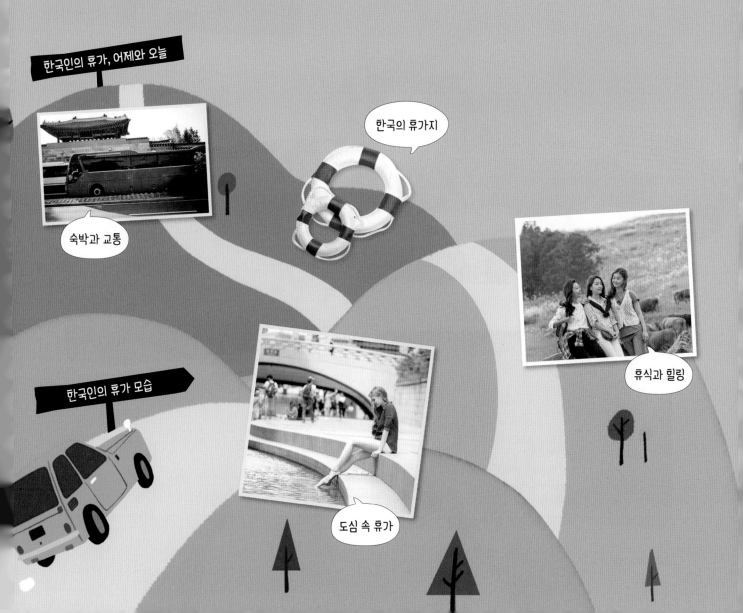

한국인의 휴가, 어제와 오늘

한국의 휴가지

숙박과 교통

휴식과 힐링

한국인의 휴가 모습

도심 속 휴가

한국인의 휴가 모습
How Korean People Enjoy Vacations

다음은 한국 사람들이 휴가를 보내는 모습이에요.

휴식

물놀이

여행

공연 관람

 취미 활동

 ## 한국 사람들은 언제 휴가를 많이 갈까요?

휴가철이 아니더라도 주말을 이용해 등산을 하거나 집을 떠나 여행을 하며 스트레스를 푸는 사람들도 많아요.

한국 사람들은 주로 7월 말에서 8월 초에 여름 휴가를 가요. 그래서 이때를 **휴가철**이라고 해요. 휴가철에는 문을 닫는 가게를 쉽게 볼 수 있어요.

한국 사람들은 휴가지에서 무엇을 할까요?

해수욕

캠핑

래프팅

물놀이

산책

휴식

 여러분 나라 사람들은 휴가를 어떻게 보내요?
How do people in your country spend their vacations?

 여러분은 지난 휴가에 어디에서 무엇을 했어요?
What did you do on your last vacation?

 언제 휴가를 많이 가요? 휴가 기간은 며칠이에요? 이야기해 보세요.
Talk about when and how long people go on vacations.

	한국	
휴가 시기	7월~8월	
휴가 기간	5일 정도	

 휴가 때 많이 가는 곳이 어디예요? 가장 많이 가는 곳1위~3위를이야기해 보세요.
Talk about the top 3 locations that people choose as their vacation spots.

	한국	
1위	해수욕장 (바다)	
2위	계곡	
3위	캠핑장	

 휴가지에서는 어떤 활동을 많이 해요? 이야기해 보세요.
Talk about what people do at their vacation spots.

여러분 나라에서는 휴가 때 주로 어디에 가요?
Where do people in your country usually go for vacation?

❶ 휴식과 힐링
Resting and Healing

King Sejong Institute
#실내_활동_Ⅰ
#한국의_여행지
#휴양림 #템플_스테이 #둘레길

 요즘은 휴가 때 여기저기 바쁘게 다니기보다는 휴식을 취하며 몸과 마음을 건강하게 하려는 사람들이 많아요.

따뜻한 온천에서 피로를 풀어요.

휴양림에서 맑은 공기를 마시니 몸도, 마음도 건강해지는 것 같아요.

템플스테이하면서 명상을 하니 머리가 맑아져요.

휴식과 **힐링**을 위해 슬로시티를 찾는 사람들도 많아지고 있어요.
슬로시티는 바쁜 도시 생활에서 벗어나 '느리게 사는 문화'를 즐기며 쉬는 곳이에요.

아시아 최초의 슬로시티, 담양 창평 슬로시티

아름다운 바다와 함께 하는 완도 청산 슬로시티

여러분은 힐링을 위해 어떤 곳으로 가고 싶어요?
Where would you like to go for 'healing'?

여러분이 알고 있는 힐링을 위한 휴가지를 소개해 주세요.
Introduce vacation spots that you find therapeutic.

❷ 도심 속 휴가
Vacation in the City

King Sejong Institute
#실내_활동_II #야외_활동_II
#여의도 #덕수궁_돌담길
#한강 #청계천 #축제

 한국 사람들이 도심 속에서 휴가를 즐기는 방법을 알아볼까요?

봄에는 아름답게 핀 벚꽃 구경을 할 수 있어요. 가을에는 단풍이 들이시 더 멋진 **고궁** 산책도 하고요.

더운 여름 **도심** 속 공원에서는 물총 축제, 불빛 축제 등 다양한 축제도 즐길 수 있어요.

미술관에서 멋진 그림을 감상하거나 도심 속에 있는 **하천**에 발을 담그고 야경을 즐기는 것도 도심 속 휴가를 보내는 멋진 방법이죠.

여러분 나라에서는 도심에서 휴가를 어떻게 보내나요?

In your country, how do people enjoy vacations in the city?

❸ 한국의 휴가지
Vacation Spots in Korea

 한국 사람들이 많이 가는 휴가지를 알아봐요.

한국 사람들은 여름에 휴가를 많이 가요. 그래서 시원한 물이 있는 곳으로 휴가를 떠나요. 한국 사람들이 많이 가는 곳은 해수욕장, **워터파크**, 휴양림 등 다양하지만, 산이 많은 한국에서는 계곡으로 휴가를 떠나는 사람들도 많아요. 그럼, 우리 가족과 함께 계곡으로 여름휴가를 떠나 볼까요?

 여름 휴가를 가려고 합니다. 무엇을 가져가야 할까요?

아차차, 깜빡한 물건이 있다면…

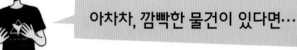

신문지를 준비하세요.

가운데를 벌리면
네모 모양이 돼요.

아랫부분을 위로
두 번 접어 올리세요.

 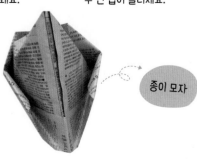

가운데를 다시 벌리면
이런 모양이 돼요.

종이 모자

종이를 준비하세요.

끝 부분을 접으세요.

종이를 뒤집어서 접고,
또 뒤집어서 접으세요.
이렇게 끝까지 접으세요.

한쪽 끝부분을 접어서
손잡이로 만드세요.

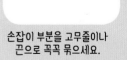

손잡이 부분을 고무줄이나
끈으로 꼭꼭 묶으세요.

종이 부채

부채를 양쪽으로 쫙 펴면
시원한 부채 완성!!

❹ 숙박과 교통
Accomodations and Transportation

King Sejong Institute
#한국의_대중교통
#서울 #부산 #경주
#Mpass #설악산
#불국사 #해운대

마르코와 자말은 휴가 때 한국을 여행하기로 했어요.
짧지만 알찬 두 사람의 휴가 계획을 들어 보세요.

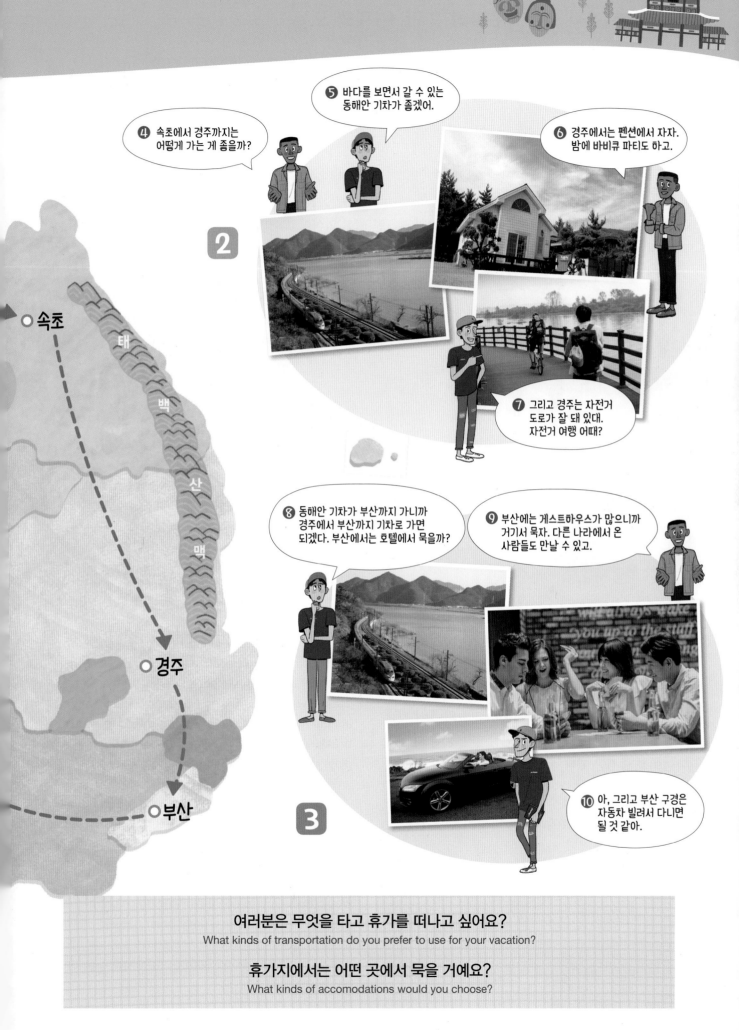

한국인의 휴가, 어제와 오늘
The Past and Present of Vacations in Korea

직장인이라면 1년 중에 가장 손꼽아 기다리는 것이 아마 휴가일 것이다. 월요일부터 금요일까지 열심히 일하며 주말을 기다리듯이 주말보다 더 여유를 즐길 수 있는 휴가를 기다리는 것이다. 한국 사람들에게 있어 휴가란 어떤 의미이고 어떤 모습일까?

Vacations are probably what office workers look forward to the most. As people wait for the weekends from Monday to Friday, they anticipate their vacations even more. How do Korean people regard their vacations, and how do they spend them?

과거 한국은 농경생활이 주가 되던 사회여서 휴가의 개념이 지금과 달랐다. 보통 한국에서의 농사는 일 년을 주기로 이루어지기 때문에 농한기인 겨울이 휴가인 셈이었다. 이 길고 긴 겨울의 휴식 기간 동안에 사람들은 윷놀이나 연날리기 등의 다양한 놀이를 즐기곤 했다.

농번기에 들어 농사일로 바쁜 와중에도 짧게나마 휴식의 시간을 가지고 일종의 휴가를 즐겼다. 봄에는 모내기로 한창 바쁜 중에 잠깐 짬을 내어 야외에서 봄꽃을 감상하고 화전도 부쳐 먹으며 화전놀이를 즐겼고, 수확으로 정신없는 가을에도 아름다운 단풍 구경을 위한 휴식을 놓치지 않았다. 이러한 과거의 휴가 모습은 오늘날까지 이어져 많은 한국인들이 여전히 봄철에는 꽃놀이를, 가을철에는 단풍놀이를 즐기며 휴가를 보내곤 한다.

In the past, the meaning of taking a vacation was quite different because agriculture was at the center of life in Korean society. Usually, the winter season was the so-called 'vacation season' in the annual agricultural cycle. During this long winter break, people enjoyed various recreations like playing games of 'yut' and flying kites.

Even in the busy farming seasons, people took time for short vacations. In the spring during rice planting season, people would spend time seeing the spring blossoms and eating flower petal rice cakes. In the autumn, during harvest season, they would take time to see the changing colors of the maples. These customs have been passed down through generations, and nowadays people still spend their vacations going on flower-viewing excursions in the spring and maple-viewing excursions in the fall.

산업화가 본격화된 70~80년대의 한국인들은 여름에 더위를 피해 5일 안팎으로 쉬는 피서 휴가를 여름 바캉스라 부르며 즐겼다. 회사의 업무에 지장을 주지 않는 범위 안에서 많은 사람이 '피서'를 가야 했기에 그 기간이 길지는 않았고, 대부분 여름에 집중되어 있었다.

In the 70s and 80s, during industrialization, Korean people started to take around 5 days of vacation called 'vacance' to avoid the heat of summer. These 'vacances' took place mostly during the hot summer season, and the duration was relatively short since it was time off from work.

휴가는 업무로 인해 쌓인 스트레스를 풀고, 지친 몸의 피로를 푸는 자신만의 시간이 되는 경우도 있지만 '나'보다 '우리'라는 의식이 강한 한국에서는 개인의 편안함보다는 가족을 위한 시간이 되는 경우가 많았다. 방학을 맞은 아이들을 데리고 시골 친척집에 가거나 계곡에 가서 물놀이를 하는 것이 한국인들이 휴가를 보내는 일반적인 방식이었다.

Although vacations were (and are) for relaxing and relieving stress from work, many Korean people still spend time with their families due to the strong value placed on community. People usually visited their relatives in the countryside with their children or went swimming in the valleys.

이후 전국의 고속도로가 개통되고 자가용 보급이 보편화되어 전국 방방곡곡 어디든 쉽게 갈 수 있게 되면서 휴가 기간을 이용하여 친구, 연인, 가족들과 함께 평소에 가지 못했던 다양한 지역과 장소로 떠나는 사람들이 늘어났다. 한국인의 휴가 모습이 달라지게 된 것이다. 그즈음 강릉 경포대와 부산의 해운대 해변은 특히 인기 있는 휴가지로 떠올랐다.

After highways were opened and cars became more common, more people spent their vacations in various regions and locations with their friends, partners and families. In these ways, vacations of Korean changed over time. It was around this time that Gyeongpodae in Gangneung and Haeundae in Busan gained popularity as holiday destinations.

90년대 들어 해외여행 자율화는 한국인의 휴가에 또 한 번의 변화를 가져오는 계기가 되었다. 해외여행이 자유로워지면서 휴가 기간에 해외로 나가는 사람들이 급증하게 되었는데, 이때부터 '휴가 = 여행'이라는 공식이 사람들의 머릿속에 자리잡기 시작했다.

The liberalization of overseas travel in the 90s was another turning point for Korean vacations. With the liberalization of the overseas travel, more and more people chose to travel abroad during vacation season, and as a result many people started equating vacationing with 'traveling'.

지속적인 사회의 변화와 발달로 한국인의 생활은 훨씬 풍족해졌지만 그만큼 일상은 더 바쁘고 복잡해졌고 그럴수록 직장인들은 일상을 벗어나 여유롭게 쉴 수 있는 여름휴가를 더욱 더 기다리게 되었다. 그런데 막상 여름휴가 때에는 가족이나 친구, 연인과 함께 또 다른 어떤 곳으로 가서 정해진 휴가 기간을 알차게 보내기 위해 바쁜 일정을 소화할 수밖에 없었다. 바쁜 일상을 잊고 새로운 곳에서 재충전하기 위해 떠났던 휴가가 새로운 피로를 불러오게 되어 '여름휴가 후유증'이란 말이 생겨날 정도였다.

Due to the many changes and developments in the Korean society, people have more affluent lives, but their daily routines have become busy and complicated. Office workers yearn for summer vacations to relax outside of work. However, in reality, they often face even busier schedules during vacations trying to go to various places with their loved ones and packing many things into their days. This has brought about a new term called 'post-vacation fatigue', which refers to the tiredness that comes from having a busy vacation with their own ceremonies.

그런데 최근 들어 바쁜 일상을 피해 휴가를 가서는 여름휴가 후유증이 올 정도로 또 다른 바쁜 일정을 소화하게 되는 모순을 극복하기 위한 노력들이 다양하게 시도되고 있다. 휴가를 1년 중 언제라도 자율적으로 선택해서 갈 수 있도록 배려하는 기업이 많아지면서, 수많은 인파가 몰리는 여름을 피해 휴가 일정을 잡아 좀더 여유로운 휴가를 즐기고자 하는 사람들이 늘고 있다. 또 템플 스테이에 참여하거나 혼자만의 여행을 떠나는 등 휴가를 자신만을 위한 힐링의 시간으로 삼고자 하는 사람도 많아지고 있다.

Recently, many efforts have been made to overcome the irony of 'post-vacation fatigue'. An increasing number of companies are allowing their workers to choose their own vacation times, and this helps people to avoid the crowded summer season for a more relaxing vacation. Also, many people participate in a 'templestay' or travel alone to spend their vacation and enjoy time by themselves.

이렇게 휴가 시기도, 휴가에 대한 생각도 다양해진 만큼, 이제는 '어디서, 얼마나 쉴 것인가'보다는 '어떻게 쉴 것인가'에 대해 진지하게 고민해 보아야 할 것이다.

Thus, with these varying perspectives on vacations, we should take time to think about 'how' we should relax, rather than simply focusing on 'where' or 'how long' we want to relax.

이번 단원에서 배운 내용을 확인해 봐요.

1 이 사람에게는 어떤 휴가지가 어울릴까요?

(1) 시원한 바다에서 수영을 하고 싶어요. (　　　)

(2) 시원한 물에 발도 담그고 등산도 하고 싶어요. (　　　)

(3) 공기 좋은 곳에서 산책도 하면서 쉬고 싶어요. (　　　)

(4) 따뜻한 물에 목욕하면서 피로를 풀고 싶어요. (　　　)

2 다음을 보고 관계있는 것끼리 모아서 써 보세요.

민박　　온천　　계곡　　펜션　　해수욕장　　캠핑

휴양림　　템플스테이　　호텔　　물놀이

(1) 휴가 장소

온천

(2) 휴가지에서 할 수 있는 활동

캠핑

(3) 숙소

호텔

❸ 한국인의 공공 예절
Public Etiquette in Korea

학습 목표

- **한국인의 공공 예절에 대해 안다.**
  Learn about public etiquette in Korea.

- **한국인의 공공 예절 생활에 대해 안다.**
  Learn about public etiquette in the daily lives of Korean people.

- **한국인의 예절 문화에 대해 안다.**
  Learn about the culture of etiquette in Korea.

한국인의 예절 문화

공공 예절 표지판

공공 예절과 법규

직장 생활과 공공 예절

공동 주택 생활과 공공 예절

한국인의 다양한 공공 예절

한국인의 다양한 공공 예절
Various Forms of Public Etiquette in Korea

한국인이 공공장소에서 지키는 예절에 대해 알아봐요.

한 줄 서기

자리 양보하기

식당 등 건물 내 금연하기

 ## 대중교통을 이용할 때 한국인의 예절이에요.

차례 지키기

타인 배려하기

한국 사람들은 공공시설을 이용할 때 이렇게 해요.

공원

도서관

 ## 여러분 나라의 공공 예절을 소개해 주세요.
Explain the public etiquette practices in your country.

나라	공공장소	예절 행동
한국	식당	담배를 피우면 안 돼요.

여러분 나라와 한국의 공공 예절은 어떤 점이 비슷하고 어떤 점이 달라요?
What are the similarities and differences in public etiquette between your country and Korea?

두루 알기

❶ **직장 생활과 공공 예절**
Work Life and Public etiquette in Korea

King Sejong Institute
#한국인의_인사법
#존댓말 #에티켓 #매너

 회사에서도 공공 예절이 필요해요. 신입사원 영수 씨의 하루를 따라가 봐요.

중요한 회의가 있어서 옷차림 예절에 신경 써요.

회의 중에는 휴대 전화를 꺼 두었어요.

ZZZZ···

ZZZZ···

퇴근길에 엘리베이터를 탔어요. 나이가 많은 부장님이 먼저 타시도록 배려했어요.

처음 인사를 나눠요. 공손하게 악수를 해서 예절을 지켰어요.

여러분 나라에서 직장 생활을 할 때에 어떤 공공 예절을 지켜요?
What are some work life manners in your country?

❷ 공동 주택 생활과 공공 예절
Korean Housing and Etiquette

 영수 씨는 아파트에 살아요. 아파트에 살 때 지켜야 하는 공공 예절이 있어요.

 여러분 나라에도 공동 주택에 살 때 지켜야 할 예절이 있지요?
Are there certain forms of etiquette when it comes to living in apartments in your country?

중요하게 생각하는 것을 써 보세요.
If so, what types of etiquette are important?

	공동 주택 예절
1	
2	
3	

 여러분은 공동 주택에서 예절을 지키지 않는 사람에게 어떻게 해요?
How do you respond to people who do not follow the etiquette of apartment living?

공동 주택에서 예절을 지키지 않을 때 Examples of bad apartments etiquette	어떻게 해요? How should we respond?
밤 11시 이후에 윗집 이웃이 의자를 끌어서 시끄러운 소리를 냈어요.	다음 날 낮에 찾아가서 다음부터는 주의해 달라고 요청해요.

❸ 공공 예절 표지판
Public Etiquette Signage

 한국의 공공장소에는 공공 예절을 알리는 표지판이 있어요.

표지판	장소	공공 예절
	영화관	영화를 볼 때 휴대 전화를 사용하면 안 돼요.
	공원	반려동물의 배변을 그냥 두면 안 돼요.
	국립 공원	음식을 만들어 먹으면 안 돼요.

 최근 한국의 거리에서 자주 볼 수 있는 공공 예절 표지판은 무엇일까요?

바로 **금연 표지판**이에요.
'보행 중 흡연'을 금지하는 거리가
늘어나고 있어요.

여러분 주변에서 쉽게 볼 수 있는 공공 예절 표지판은 무엇이에요?
What kinds of public etiquette signage can you easily observe?

 한국에서 다음과 같이 공공 예절을 지키지 않으면 어떻게 될까요?

거리에 함부로 쓰레기를 버리고 있어요.

횡단보도가 아닌 곳에서 길을 건너고 있어요.

거리에서 소란을 피우고 있어요.

한국에서 공공 예절을 지키지 않는 것이 법을 어기는 일이 되기도 해요. '경범죄'로 처벌을 받고 벌금을 낼 수도 있으니 조심해야 해요.

금연 구역인 거리에서 담배를 피우고 있어요.

 여러분의 나라에도 지키지 않으면 벌금을 내는 공공 예절이 있어요?

나라	행동
한국	길거리에 함부로 담배꽁초나 껌 등을 버리는 행위
2	
3	

 한국에서는 공공 예절을 지키지 않는 사람을 부르는 말을 만들기도 해요.

지하철 '쩍벌남'

쓰레기 '얌체족'

여러분 나라에도 공공 예절을 지키지 않는 사람을 부르는 말이 있어요?

How are the ones who don't follow public manners called in your country?

재미있는 말이 있으면 소개해 보세요.

Tell us if there are any interesting terms or nicknames.

한국인의 예절 문화
Korean Cultural Etiquette

웃어른을 공경하는 예절 문화

한국인들은 웃어른이나 연장자를 존중하는 태도와 행동을 예절로서 강조한다. 한국 예절의 바탕을 이루는 유교적 윤리 중에 '장유유서(長幼有序)'라는 덕목이 있는데 이는 '어른과 아이 또는 윗사람과 아랫사람 사이에서는 상하 질서와 차례를 지켜야 한다'라는 뜻이다. 이러한 유교적 윤리의 영향으로 한국인들은 자신보다 나이나 지위가 높은 윗사람에 대해 예절을 지키는 것이 인간의 기본 도리라고 생각한다.

과거 한국에서는 가족 내에서 예절을 지키는 것을 중요하게 여겼다. 특히 부모와 어른에 대해 공경하는 것을 가장 중요하게 여겼다. 그래서 자식들이 부모와 같은 집에 살아도 매일 아침과 저녁에 뵙고 안부를 확인하는 '문안 인사'를 올렸다. '문안 인사'를 할 때는 부모를 공경하는 마음에서 옷차림을 단정히 하고 공손한 말투로 인사를 드렸는데, 이때 매번 부모 앞에서 큰절을 올리며 인사하는 경우도 많았다.

오늘날 가족 안에서의 문안 인사 예절은 약화되거나 간소해졌지만, 웃어른을 공경하는 마음과 행동은 여전히 남아 가족 내 일상생활 예절의 기본이 되고 있다. 가족들의 식사 자리에서 가장 나이가 많은 어른이 먼저 숟가락을 들기 전에는 아무도 식사를 시작하지 않을 뿐 아니라, 웃어른보다 먼저 식사를 끝내고 수저를 내려놓는 것은 예의가 없는 행동이라 여긴다. 그래서 어른보다 먼저 식사를 끝냈더라도 수저를 국그릇에 걸쳐 놓았다가 어른이 식사를 다 끝낸 후에야 내려놓는 경우도 있다.

Respect for the elders in Korean culture

Korean people stress the importance of respect and manners toward one's elders. Confucianism, which forms the basis of Korean cultural etiquette, values the order of rank from elder to younger. Due to the influence of Confucianism, Korean people consider paying respect and courtesy toward one's elders as a basic duty of all people.

In the past, manners within the family were very important. In particular, respect toward the parents and elderly family members was prioritized. So, even while living together, sons and daughters asked after their parents and payed their respects every morning and afternoon. For these inquires after their parents, children first tidied their outfit and adopted a polite attitude, and some even made a deep bow on every occasion.

Such manners and performances of etiquette within the family have became weakened or simplified in recent years, but the respect paid to one's elders still remains in the everyday lives of families. When families have dinner, for example, starting or finishing a meal and putting down one's utensils before the eldest member of the family has done so is considered rude behavior. So, even when one is done eating bowl, it is polite to leave one's utensils on the plate and then only put them down after one's elders have finished eating.

한국에서 웃어른이나 연장자를 존중하는 예절을 지키는 행동은 일상의 곳곳에서 자연스럽게 볼 수 있다. 한국인들은 이웃의 어른들을 마주치면 그냥 지나치지 않고 인사를 드린다. 어른이 먼저 지나가기를 기다렸다가 길을 걷고 문을 나서거나 들어설 때에도 어른이 먼저 하도록 비켜서거나 손으로 안내한다.

In Korea, the etiquette of respecting one's elders can be seen naturally in everyday life. Korean people send greetings to their elderly neighbors every time they meet. They also wait until their elders pass first on the streets and doorways before they themselves go.

한국에서는 윗사람의 자리라는 뜻의 '상석'이라는 말이 있다. 좌석, 방, 엘리베이터 등 사람이 머무는 공간이라면 모두 '상석'의 개념을 적용하고 어른을 이 상석으로 안내하는 것을 중요하게 생각한다. 예를 들어 자동차 조수석 뒷자리를 상석이라 여겨 어른이나 윗사람을 그 자리에 모신다. 또한 한국에서는 대중교통을 이용할 때 나이가 많은 할아버지, 할머니에게 자리를 양보하는 것이 당연한 일로 여겨지고 있으며 이를 행하지 않을 경우 예절을 모르는 사람으로 사회적 비난을 받게 된다.

There is also the concept of 'seat of honor' in every place from rooms to cars and even in elevators, and the elderly are guided to the best seats or areas. For instance, an elderly person is seated in the back of the passenger seat, because this spot is considered as the 'seat of honor.' Also, yielding your seat to the elderly is considered as proper behavior in Korean public transportation, and if this isn't done, one might be socially condemned as a person without manners.

한국의 의례와 예절

한국에서는 가정을 중심으로 행해지는 여러 의례 중 결혼식, 장례식, 제사를 전통적으로 중요하게 생각하는데 이 의례들에는 각각 지켜야 할 예절들이 존재한다. 가정 상황이나 시대에 따라 다소 차이는 있겠지만 대부분의 한국인들은 지인이나 친척들의 결혼식이나 장례식 참석을 꼭 지켜야 하는 예절로 여긴다. 직접 가지 못할 때에는 결혼식의 경우 축의금, 장례식의 경우 조의금이라 부르는 약간의 돈을 보내는 것이 예의라고 여긴다.

Korean Ceremonies and Etiquette

Traditionally, weddings, funerals, and ancestral rites are considered as important family ceremonies, and there is proper etiquette that should be followed for each ceremony. There are some differences between households and generations, but it is considered crucial to attend weddings and funerals of relatives or acquaintances. When one cannot attend, it is considered proper manners to send a small amount of gift money or condolence money.

장례식장에 조문을 갈 때는 검은색이나 회색 등과 같은 어두운 색 옷을 갖추어 입는 것이 예의이다. 그리고 먼저 고인의 사진 앞에서 절이나 묵념을 하여 고인의 명복을 빈 다음 고인의 가족들에게는 맞절을 하거나 공손히 목례하며 위로하는 말을 짧게 전하는 것이 조문 예절이다.

Wearing dark colors such as black or grey is the proper etiquette when going to funerals. People bow or pay silent tribute in front of the deceased person's picture and exchange bows or nods with the deceased's family and express short condolences.

한국인은 타인을 대하는 데에 있어서 지켜야 할 예절을 기본적으로 중요하게 생각하지만 특히 가족이나 지인에게 예절을 지키는 것을 중요하게 생각한다. 이는 한국인들이 가족이나 이웃을 단위로 하는 농경 문화적 전통을 가지고 있기 때문이다. 그렇기 때문에 가족과 지인의 가정 행사와 안부를 챙기는 데에 필요한 예절을 지키려고 애를 쓰게 된다. 한국에서 '병문안' 혹은 '문병'의 예절 문화가 발달한 것도 이러한 의식에서 기인했다 할 수 있다. 하지만 오늘날에는 감염병의 전염 위험을 염려하는 사회적 분위기 속에서 병문안 예절 문화를 개선하려는 시도가 이루어지고 있다.

Changing Cultural Etiquette

Korean people place a high value on manners towards others, but they especially emphasize manners between families and friends. This is because Korean people share the tradition of farming culture based on family and neighbors. So they try their hardest to maintain this etiquette which includes asking after their family and friends. This is also reflected in the culture of inquiring after and visiting those who are sick. However, due to concerns of contagion and contamination, efforts are being made to improve the custom of hospital visits.

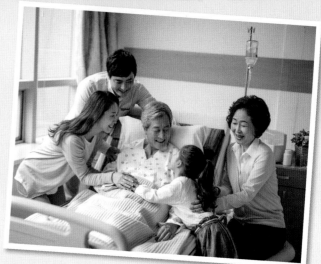

한국인들은 처음 만나는 사람에게 나이나 결혼 여부, 사는 곳, 직업 등 사생활에 대한 질문을 쉽게 하는 편이다. 전통적으로 이러한 질문이 예의를 벗어나는 것이라고 생각하지 않는 사람들이 많기 때문이다. 오히려 상대방에 대해 잘 모르는 것이야말로 예의가 아니라 생각하고 사생활에 대해서 알아야 진짜 친한 사이가 될 수 있다고 여기기도 한다. 그러나 최근에는 개인의 사생활을 존중하여 친하지 않은 사람에게는 사적인 질문을 삼가는 분위기가 형성되어 가고 있다.

Korean people freely ask personal questions about age, marital status, one's address, or occupation to strangers. This is because traditionally, most Koreans haven't considered it rude to ask such things. On the contrary, not knowing about a person is thought to be impolite and there exists the notion that people can be truly close friends by learning about each other's private life. Nowadays, however, more people are refraining from asking personal questions out of respect for individual privacy.

정리하기 한국인의 공공 예절
Public Etiquette in Korea

이번 단원에서 배운 내용을 확인해 봐요.

1 다음 사진을 보고 알맞은 공공 예절을 써 보세요.

(1)

화장실에서 (   )

(2)

식당 등 건물 내에서 (   )

2 질문에 알맞은 것을 고르세요.

(1)

한국 버스는
어느 문으로
타야 할까요?

①   ②

(2)

한국 지하철은
어디로
내려야 할까요?

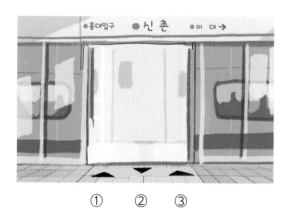

①   ②   ③

4 한국의 날씨와 음식
Weather and Food in Korea

학습 목표

- **한국의 날씨와 음식의 관계에 대해 안다.**
  Learn about the relation between the weather and food in Korea.

- **한국의 계절별 음식의 특징에 대해 안다.**
  Learn about the characteristics of seasonal food in Korea.

- **한국의 기후에 따른 한국 음식의 특징과 변화를 안다.**
  Learn about the characteristics and changes of seasonal food in different regions in Korea.

한국의 기후와 음식

더위야 물러가라!

한국의 겨울 준비, 김장

한국의 계절별 음식

한국의 날씨와 음식

한국은 봄, 여름, 가을, 겨울 날씨가 많이 달라요.
그래서 계절마다 먹는 음식도 다르죠. 한번 살펴볼까요?

봄 밥상

여름 밥상

가을 밥상

겨울 밥상

한국 계절 밥상의 음식 재료를 알아볼까요?

봄철 밥상에 자주 올라오는 쑥 된장국, 여러 가지 **나물** 무침의 재료예요. 봄에는 조기가 맛있어요.

냉이

조기

딸기

달래

취나물

돌나물

쑥

여름철 밥상에는 보리밥, 오이, 고추, 열무 김치, 오이 냉국이 자주 나와요. 여름에는 감자도 맛있고, 갈치도 맛있어요. 과일도 많고요.

고추

수박

참외

열무

갈치

오이

감자

가을철 밥상에 자주 올라오는 꽃게탕, 뭇국의 재료예요. 꼬막 무침과 대하 구이, 전어, 호박도 맛있고 감, 배, 사과, 밤도 맛있어요.

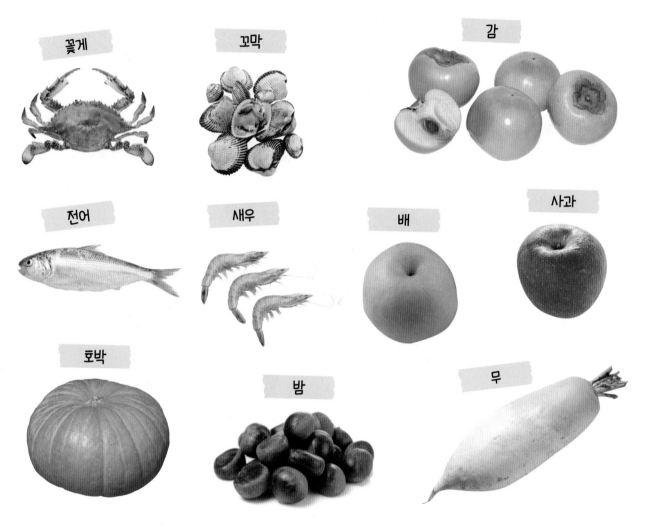

꽃게   꼬막   감

전어   새우   배   사과

호박   밤   무

겨울철 밥상에 자주 올라오는 동태찌개, 굴 보쌈, 동치미의 재료예요. 그리고 겨울에는 귤도 많이 먹어요.

동태   귤   한라봉

굴   동치미

여러분 나라에서는 날씨에 따라 상차림이 어떻게 달라져요?
How do seasonal dishes change according to the weather in your country?

여러분 나라의 계절 밥상을 소개해 보세요.
Talk about the seasonal food of your country.

여러분 나라는 날씨가 어때요? 날씨에 따라 음식의 재료가 달라요? 이야기해 보세요.
What is the weather like in your country? Are different ingredients used according to the weather?

날씨나 계절에 따라 음식이 어떻게 달라져요? 이야기하고 써 보세요.
How do the dishes change according to the season and weather? Discuss and write.

한국	
봄 – 봄나물 반찬 여름 – 오이, 고추 등 여름 채소 가을 – 게, 새우 등 다양한 음식 겨울 – 굴, 말린 생선, 김장 김치	

여러분이 좋아하는 계절 밥상을 만들어 보세요.
Create your favorite seasonal dish.

여러분 나라의 계절 밥상은 한국과 어떻게 달라요?
How are the seasonal dishes of your country different from Korean dishes?

❶ 한국의 날씨와 음식
The Weather and Food in Korea

 한국 사람들이 비 오는 날 많이 먹는 음식이에요.

비가 오니까 따뜻한 국물이 생각나네.

파전이나 김치전도 먹고 싶다.

한국 사람들은 비 오는 날에는 찬 음식이나 익히지 않은 생선은 잘 안 먹어요.

 한국 사람들이 즐겨 먹는 파전을 함께 만들어 볼까요?

재료 준비와 재료 손질

재료를 준비해 주세요.
파, 밀가루, 계란, 해물, 고추가
필요해요.

제일 중요한 재료인 파,
깨끗이 씻어서 다듬어 주세요.

밀가루에 물을 넣어서 반죽을
만들어요.

계란도 하나 풀어 주세요.

조리 시작

프라이팬에 기름을 넣고,
파를 올려 주세요.

파 위에 밀가루 반죽을 올려
주세요.

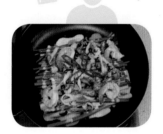

그 위에 해물을 듬뿍 올려
주세요.

아, 계란과 고추도 잊지 마세요.

한쪽이 다 익었어요?
그러면 한 번 뒤집어 주세요.

자, 맛있는 파전이
완성됐습니다!!

여러분 나라에서는 날씨에 따라 먹거나 안 먹는 음식이 있어요?
Are there any foods people eat or don't eat during certain seasons in your country?

❷ 더위야 물러가라!
Dishes that help you cool down when the weather is hot

 한국의 '복날(伏날)'을 알아요? 한국 사람들은 '복날'에 무엇을 먹을까요?

오늘 정말 덥네요. 점심으로 냉면이나 콩국수를 먹을까요?

네, 오늘 날씨가 너무 더워요. 그래서 시원한 냉면이나 콩국수, 오이냉국이 먹고 싶어요.

마르코 씨, 시원한 음식이 먹고 싶어요?

하하! 그리고 디저트로 팥빙수 랑 화채를 먹고요?

한국 사람들은 더운 여름에 삼계탕과 같은 뜨거운 음식을 먹으며 **이열치열**(以熱治熱)의 방법으로 더위를 이겼어요.

날씨가 덥지만 오늘 점심은 삼계탕 어때요?

삼계탕요? 아, 맞다! 오늘 초복이지요?

맞아요. 삼계탕이나 육개장 같은 음식을 먹고 영양 보충해야죠.

삼계탕, 좋죠. 얼큰한 육개장도 괜찮고요.

여러분 나라에는 날씨와 관련해서 특별히 건강을 위해 먹는 음식이 있어요?
Are there any weather-related foods that people eat for their health in your country?

③ 한국의 겨울 준비, 김장
Gimjang: Preparing Kimchi for the Winter

 한국 사람들은 겨울을 준비하기 위해 김장을 해요.
날씨에 따라 김장을 하는 시기도, 맛도 차이가 있어요.

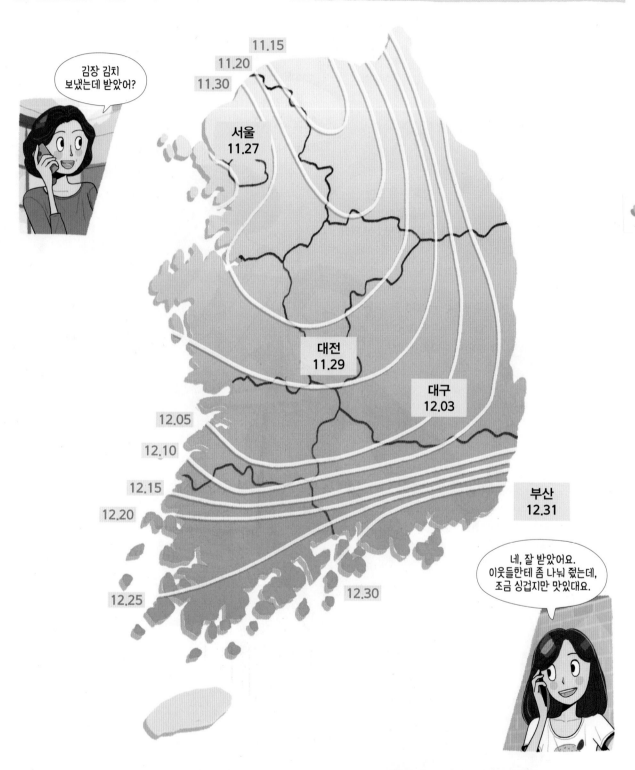

여러분 나라에서는 특별한 계절을 위해 미리 준비하는 음식이 있어요? 소개해 주세요.

Introduce a type of food that people prepare for a certain season in your country.

오늘은 할머니 댁에서 김장하는 날이에요. 친척들도 다 모였어요.

여러분 나라의 어떤 재료로 김치를 만들어 보면 좋을까요?
What types of ingredients would you use to make kimchi in your country?

한국의 기후와 음식
Climate and Food in Korea

한국의 기후·지형과 음식 문화

한국은 온대 기후에 속하며 사계절이 뚜렷하다. 여름은 덥고 습하며 겨울은 춥고 건조하다. 또한 봄과 가을은 온도와 습도가 적당하여 활동하기에 좋은 때이다. 한편 남북으로 길게 이어진 지형으로 인해 남쪽 지역과 북쪽 지역의 기온 차가 조금 있는 편이다. 이러한 기후적 특징은 식생활에도 많은 영향을 미쳤다. 여름의 고온 다습한 기후는 쌀농사에 적합해 한국 사람들은 쌀 등의 곡식을 주식으로 하는 식문화를 가지게 되었다. 또 겨울이 유난히 춥고 길어서 겨우내 먹을 음식을 미리 만들어 오래 보관하는 식문화도 발달했다.

한국은 사계절이 뚜렷해 각 계절에 나는 특징적인 식재료가 많다. 그래서 그러한 식재료를 사용한 다양한 계절 음식이 많고, 그런 계절 음식이나 재료를 사철 먹기 위한 갖가지 저장법도 발달하였다. 또한 삼면이 바다로 둘러싸여 있고, 국토의 70% 이상이 산으로 이루어져 있는 지리적인 특성으로 인해 채소와 육류, 어류, 해조류 등 지역이나 지형적 특징이 드러나는 음식 재료를 다양하게 접할 수 있다. 이렇게 계절이나 지형별로 다양한 음식 재료와 저장법을 활용하여 한국에서는 반찬 문화가 매우 발달하였다.

한국의 음식 문화는 쌀과 같은 곡식류로 만든 밥을 중심으로 갖가지 재료로 만든 반찬을 곁들이는 방식이 기본이 된다.

Climate, Topography, and Food Culture in Korea

Korea has a temperate climate, with four distinctive seasons. The summer is hot and humid, and the winter is cold and dry. Spring and fall have mild temperatures and mild humidity, making them ideal seasons for outdoor activities. Due to its land running from north to south, there are some differences in climate between the northern and southern regions. The hot and humid weather in the summer is suitable for rice farming, so Koreans have developed a food culture mainly based on rice and grains. Due to the long cold winter, preparation and storage methods of food have also developed.

Due to the distinctive features of the four seasons, there are various food ingredients for each season. Lots of seasonal dishes have developed, and storage methods were designed to enjoy the seasonal food and ingredients all year round. Moreover, because Korea is surrounded by water on three sides and more than 70% of its land is covered with mountains, the food ingredients are distinctive regionally and geographically, ranging from vegetables to meat, and including all sorts of seafood. Such diverse ingredients and storage methods also ostered the development of various side dishes.

Basic Korean food culture is based on rice and grains with side dishes made from various ingredients.

한국에서는 곡물의 생산량이 풍부하기 때문에 이를 활용한 조리법과 음식도 발달했다. 일상적으로 먹는 밥 외에도 명절이나 생일 등 특별한 날에 먹는 떡이 곡물을 이용한 대표적인 음식이다. 쌀가루에 콩, 팥 등의 곡류를 섞거나 쑥, 호박 등의 채소류를 섞어 만드는 떡은 그 종류가 매우 다양하다.

Development of Grain Foods

Recipes and foods using grains have developed in Korea due to their abundance. Aside from rice, which is consumed daily, people enjoy rice cakes on special occasions such as holidays and birthdays. There is a wide variety of rice cakes, with ingredients ranging from basic grains such as peas and red beans to vegetables like mugwort and pumpkin.

이외에 콩을 이용해 만든 두부도 대표적인 곡물 음식이며, 식사 후에 내는 술, 식혜, 유과 등도 모두 다양한 곡물을 이용해 만든 음식이다.

Tofu made from beans is also a typical kind of grain food. In addition, certain drinks like sikhye (a rice drink), and fried rice cakes are other types of drinks and foods respectively that are made from grains.

덥거나 추운 날, 그리고 특별한 날 즐겨 먹었던 국수 또한 곡물이 풍부하기 때문에 다양하게 발달할 수 있었다. 각 지방의 기후, 지리적 특성에 따라 주요 재료를 달리하고 조리법을 달리한 국수는 오랜 시간 동안 한국 사람들과 함께 한 음식이다.

The abundance of grains also helped the development of various types of noodles, for both hot and cold weather and special occasions. Noodles developed with different ingredients according to the climatic and geographical features of different regions and have been loved in Korea for generations.

저장 음식의 발달

한국은 계절의 변화가 커서 그 계절에만 생산되거나 특별히 그 계절에 맛이 좋은 식재료가 많다. 이러한 식재료를 다른 계절에도 먹을 수 있도록 하기 위해서 이를 가공하고 저장하는 다양한 방법이 발달하였다.

그중 오늘날까지 이어져 오고 있는 대표적인 음식 저장 방식이 바로 김장이다. 겨우내 먹을 김치를 한꺼번에 담가서 땅 속에 묻어 저장하는 일인 김장은 추운 겨울 동안 먹기 힘든 채소류를 섭취할 수 있게 해 주는 좋은 방법이었다.

김장은 전 지역에 걸쳐 이루어지는데 김치를 만드는 시기나 방법, 맛도 기후와 지리적 영향을 받는다. 일반적으로 남쪽 지역보다 북쪽 지역이 더 일찍 추워지기 때문에 북쪽 지역에서 먼저 김장을 하고 남쪽으로 갈수록 조금씩 늦게 김장을 하게 된다.

김치의 재료나 방법은 지방마다 조금씩 차이가 있는데 대체로 북쪽 지역에서는 고춧가루를 적게 사용하고 간도 강하지 않게 하는 편이다. 남쪽의 전라도와 경상도 지역에서는 고춧가루와 젓갈을 많이 넣는 편이다. 물론 지역적 특성이기도 하겠지만 상대적으로 날씨가 따뜻한 남쪽 지방에서는 김치의 간을 강하게 해야 김치의 저장성을 높일 수 있기 때문에 고춧가루와 젓갈을 많이 사용하게 되었다는 의견도 있다.

Development in Preserving Food

Due to the changing seasons, there are many food ingredients produced only in certain seasons. Therefore, in order to enjoy these ingredients in other seasons, various storage and processing methods have been developed.

The most well-known storage method that is still being used is 'gimjang'. Making and storing kimchi in the ground was a good way to maintain vegetable consumption in the winter season.

'Gimjang' was done across all regions, but the climate and geographical features affected its time, method, and even the taste of kimchi. Since the north gets colder earlier, gimjang was done earlier in the northern regions than the southern regions.

The ingredients and recipes of kimchi vary from region to region, and the northern regions use less red pepper powder and apply less seasoning. Jeolla province and Gyeongsang province in the southern region use more red pepper powder and salted seafood. Some people argue that this is because the strong seasoning is necessary in warmer regions to enhance the storability of kimchi.

이외에도 식재료를 오래 보관하기 위해 생선이나 채소를 말리기도 하고 소금이나 간장에 담가 장아찌로 만들기도 하였다. 계절마다 많이 나는 식재료를 이용해 저장 음식을 만드는 것은 각 가정의 중요한 행사였다. 이렇게 다양한 저장 음식을 만들어 둠으로써 언제라도 영양분을 골고루 섭취할 수 있도록 하고자 한 것이다.

People also dried fish and vegetables to ensure longer preservation, or they pickled the ingredients by soaking them in salt or soy sauce. Preserving various types of food guaranteed a balanced consumption of nutrients at any time of the year.

오늘날 과학과 환경의 발달로 사람들은 기후나 계절, 지형에 구애받지 않고 원하는 음식을 언제든지 먹을 수 있게 되었다. 뿐만 아니라 다양한 음식 문화가 어우러져 전통적인 음식 문화의 일부를 대체하기도 한다. 하지만 제 땅에서 제철에 나는 신선한 재료를 사용해 만든 고유의 음식은 여전히 한국 사람들의 일상에서 중요한 의미를 지닌 채 함께하고 있다.

These days, people can eat whatever they want without concerning themselves with the climate, season, or geography due to developments in science and the environment. Moreover, various other food cultures have found their way to the Korean table, and in some cases they have replaced traditional Korean food. However, native food made with fresh seasonal ingredients still carries important meaning in the lives of all Korean people.

이번 단원에서 배운 내용을 확인해 봐요.

① 다음은 한국 사람들이 어느 계절 또는 어떤 날씨에 많이 먹는 음식일까요?

(　　　　　　)　　　(　　　　　　)　　　(　　　　　　)

② 마르코가 한국 음식에 대해 이야기하고 있습니다. 맞으면 O, 틀리면 X에 표시하세요.

(1) 추운 겨울에는 한국 사람들이 냉면을 먹지 않아요.

O ｜ X

(2) 부산에서는 서울보다 늦게 김장을 해요.

O ｜ X

(3) 한국 사람들은 비 오는 날 칼국수처럼 따뜻한 국물이 있는 음식을 많이 먹어요.

O ｜ X

❺ 한국인의 주거 생활
Residential Life in Korea

학습 목표

- **한국의 주거 형태에 대해 안다.**
  Understand the housing styles in Korea.

- **한국 주거 생활의 특징에 대해 안다.**
  Understand the characteristics of Korean residential lifestyles.

- **한국의 풍수지리 요소에 대해 안다.**
  Understand the features of Korean geomancy.

한국의 주거 문화와
가치관

나 혼자 산다

한국 주거
생활 정보

한옥 체험

한국의
아파트 구조

한국의 다양한 주거 형태

한국의 주거 형태에는 어떤 것들이 있는지 알아봐요.

🏠 단독 주택

한옥

일반 주택

전원주택

🏠 공동 주택

아파트

빌라

단독 주택에 대해 알아볼까요?

한국의 전통 가옥, '한옥'이에요.
요즘에도 한옥에 사는 사람들이 있어요.
서울의 북촌이나 전주, 안동에는 한옥이 많아요.

한옥

자연을 좋아하는 사람들은
복잡한 도시를 떠나 전원주택에서 살아요.

전원주택

일반 주택

한국의 다양한 주거 형태
Various Housing Styles in Korea

공동 주택에 대해 알아봐요.

아파트

아파트와 빌라에 살면 관리가 편하고 비교적 안전하기 때문에 한국 사람들은 여기에 많이 살아요.

빌라

주상 복합

 여러분은 지금 어디에서 살고 있어요?
What kind of housing are you living in?

어디에서 살아요?

아파트

어디에서 살고 싶어요?

한옥

여러분 나라의 주거 형태에는 어떤 것들이 있어요?
What kinds of housing styles are there in your country?

 두루 알기

① 한옥 체험
Experiencing Hanok

King Sejong Institute
#한국의_사계절
#한국의_여행지
#한옥_마을 #아랫목

한국의 전통 가옥의 구조와 특징에 대해 알아봐요.

이게 한옥이구나!

여기서 하루 자고 갈 거야.

마당이 있어서 좋다.

풍경이야. 한옥이랑 잘 어울리지? 소리가 좋아서 가끔 달아 놓는 집들이 있어.

저건 뭐야?

문에 종이를 붙였네!

창호지를 붙인 거야.

여기가 대청마루구나!

여긴 장독대야. 항아리가 많지? 안에 간장, 된장, 고추장이 들어 있어.

여러분 나라의 전통 가옥을 소개하고 특징에 대해 이야기해 봐요.
Tell us about a traditional housing style of your country.

❷ 한국의 아파트 구조
Aspects of a Korean Apartment

King Sejong Institute
#한국의_사계절
#한국인의_공공_예절
#온돌 #집_구경 #집들이

 한국의 아파트 구조에 대해 알아봐요.

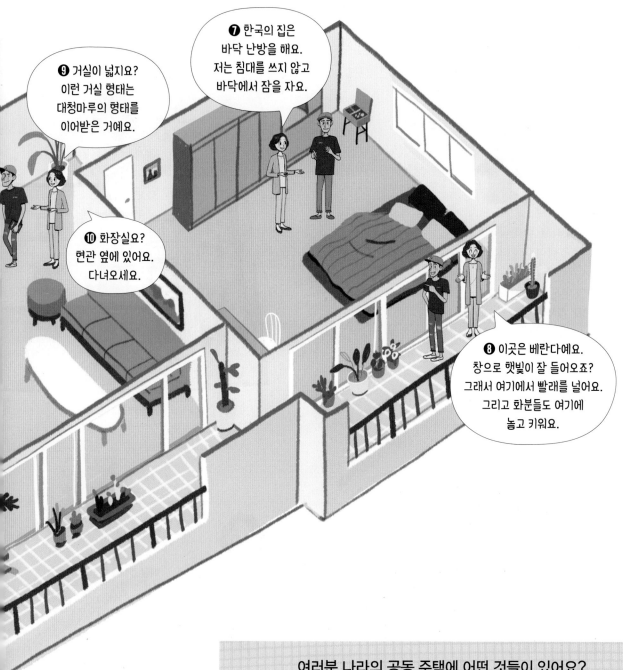

여러분 나라의 공동 주택에 어떤 것들이 있어요?
What kinds of apartments are there in your country?

공동 주택의 구조에 대해 소개해 보세요.
Talk about the aspects of your country's apartments.

❸ 나 혼자 산다
I Live Alone

King Sejong Institute
#물가와_생활비
#독신 #1인_가구
#부동산

 혼자 살 때 생각해 봐야 하는 것들이 있어요.

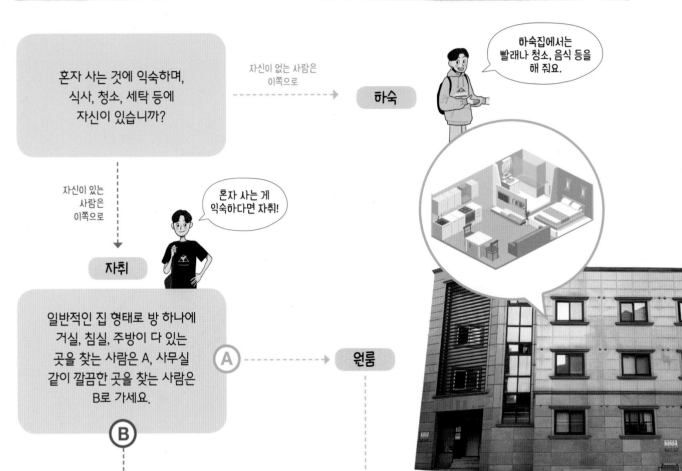

혼자 사는 것에 익숙하며, 식사, 청소, 세탁 등에 자신이 있습니까?

자신이 없는 사람은 이쪽으로 → 하숙

하숙집에서는 빨래나 청소, 음식 등을 해 줘요.

자신이 있는 사람은 이쪽으로

혼자 사는 게 익숙하다면 자취!

자취

일반적인 집 형태로 방 하나에 거실, 침실, 주방이 다 있는 곳을 찾는 사람은 A, 사무실 같이 깔끔한 곳을 찾는 사람은 B로 가세요.

Ⓐ ----→ 원룸

Ⓑ

오피스텔 ----→ 월세 또는 전세

전 세	월 세
다가구 2층 방3, 거실, 베란다 9,000만 원	빌라 방3, 거실 3,000/20

'월세'는 집을 빌릴 때 매달 집세를 내는 거예요. '전세'는 월세 대신 보증금을 내는 것인데 계약 기간이 끝나면 돌려받아요.

여러분의 나라에서는 보통 어디에서 자취해요?
In your country, what kind of housing do single people live in?

자신만의 집을 꾸미고 소개해 보세요.
Design your own house and show it to your classmates.

❹ 한국 주거 생활 정보
Tips for Residential Life in Korea

 한국에서 살 때 알아야 할 주거 생활 정보예요.

한국에서는 집에 들어갈 때 신발을 벗어요.
그래서 양말을 신는 것이 좋아요.

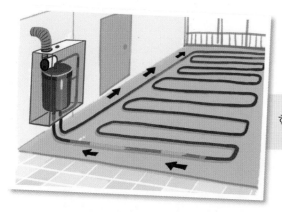

한국에서는 보일러를 사용해 방바닥을 따뜻하게 데워요.

한국에서는 의자 대신 주로 방바닥에 앉아요.
바닥에 앉을 때는 **양반 다리**를 하고 앉거나 무
릎을 꿇고 앉을 때가 많아요. 또 양쪽 다리를
옆으로 놓고 앉기도 하죠.

한국의 집에서는 보통
220V를 사용해요.

한국은 조명을 사용해
실내를 밝게 해요.

여러분은 주로 바닥에 앉아요, 의자에 앉아요?
Do you usually sit on chairs or on the floor?

여러분도 바닥에 양반 다리를 하고 앉아 보세요.
Try sitting cross-legged on the floor.

한국의 주거 문화와 가치관
Korean Etiquette and Propriety

한국 사람들은 전통적으로 집이나 마을, 도읍 등의 위치를 정하거나 묘터를 잡을 때 땅의 성격을 파악하여 좋은 터전을 찾아야 한다고 생각해 왔다. 이는 산수의 형세와 방위 등의 환경적인 요인이 인간의 길흉화복과 연결되어 있다는 자연관 및 세계관이 반영된 것이다.

Traditionally, Korean people have considered the characteristics of the land before deciding where to establish houses, villages, capitals, and cemeteries. This reflected their view of the natural world and their belief that certain environmental factors, such as landscapes and longitudinal/latitudinal bearings, are closely related to the people's fortunes.

북악산

응봉

인왕산

명당 (경복궁)

낙산

남산

한강

관악산

예를 들어 뒤에 산이 둘러 있고 앞에 강이 흐르는 곳을 '배산임수(背山臨水)'라고 하여 명당이라고 생각하였는데, 현재의 서울(한양)을 수도로 정할 때도 이러한 점을 고려하였다고 알려져 있다. 또, 조선 왕조의 대표적 왕궁인 경복궁의 지세를 살펴보면 뒤에는 북악산이 둘러싸고 있고 앞으로는 한강과 한강 지류를 마주보고 있다.

For example, locations with their backs to the mountain and facing the water, called 'Baesanimsu', were considered propitious sites. This was reflected in the choosing of Seoul (previously known as Hanyang) as the capital. Also, when we examine Gyeongbokgung Palace, the most well-known palace of the Joseon Dynasty, it is surrounded by Bukaksan mountain and faces the Hangang river and its tributary.

이러한 자연관은 한국인의 의식 속에 깊이 자리 잡고 일상생활에 광범위하게 영향을 끼쳤다. 즉 집을 지을 때 남쪽을 향해 짓는다든가, 집안에 나쁜 일이 계속될 때 조상의 무덤 위치를 바꾼다든가 하는 일들이 다 이러한 세계관에서 비롯되었다.

물론 현대에 와서는 한국인들도 기존의 자연관보다는 집 주변의 교통, 교육, 편의 시설이 잘 갖추어져 있는지, 전망이 좋은지 등을 중요시하게 되었다. 하지만 옛날만큼은 아니라 하더라도 생활 속에 기존의 자연관이 여전히 많이 남아있다.

This view of nature is deeply embedded in the consciousness of the Korean people and is widely reflected in their daily lives. Customs such as building houses facing south or relocating ancestral graves when misfortunes continue within the family all originate from such a view of the world.

In modern days, Korean people consider other aspects such as transportation, education, and convenience facilities located nearby to be more important than the traditional view regarding nature. However, traditional views incorporating nature are still reflected in the lifestyles of modern Koreans.

현대에는 건축 기술 및 냉난방 시설 등의 발전으로 과거에 비해 택지의 선택에 제약이 별로 없음에도 불구하고 한국인들은 여전히 아파트를 고를 때 남향집을 가장 선호하며 북향을 기피한다. 또 집안 인테리어를 할 때도 좋은 기운이 잘 통하도록 신경을 써서 공간과 가구를 배치한다. 현관문과 방문이 마주보지 않게 한다든가, 침대 머리를 북쪽으로 두지 않는다든가 하는 것도 그런 생각에서 나온 것이다.

이러한 자연관 및 사상은 단순한 미신에서 비롯된 것이 아니라 긍정적이고 발전적인 삶을 위한 기원에서 비롯된 것이라는 점에서 한국인이 이러한 삶을 지향하는 한 쉽게 사라지지 않고 여전히 남아 한국인의 주거와 일상생활에 영향을 미치며 지속될 것이다.

Even though there are now fewer limitations in choosing housing sites thanks to the development of architectural technology, along with heating and cooling systems, Korean people still favor houses facing south and avoid ones facing north. Also, when designing the house interiors, space and furniture are arranged with the consideration of 'good energy' flow. For example, the front door should not face the bedroom, and the head of the bed should not point north.

These thoughts and views on nature are not mere superstitions, but rather they originate from the wish to live a positive and prosperous life. Thus, as long as people continue to pursue such lives, these ideas will continue to influence the daily lives of Korean people.

풍수에 좋은 인테리어

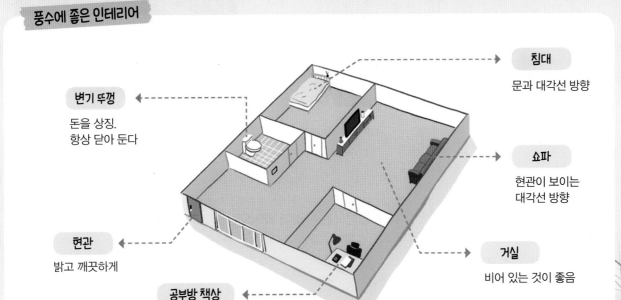

침대
문과 대각선 방향

변기 뚜껑
돈을 상징.
항상 닫아 둔다

쇼파
현관이 보이는
대각선 방향

현관
밝고 깨끗하게

거실
비어 있는 것이 좋음

공부방 책상
문과 대각선 방향

이번 단원에서 배운 내용을 확인해 봐요.

1 다음 사진을 보고 주거 형태의 이름을 써 보세요.

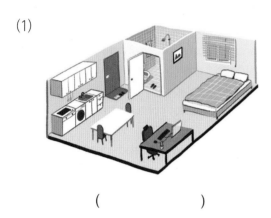

(1)

(   )

(2)

(   )

(3)

(   )

(4)

(   )

2 한국에서 집을 빌릴 때 집세를 내는 방법에는 무엇이 있어요?

(1)

(   )

다가구 2층
방3, 거실, 베란다
9,000만 원

(2)

(   )

빌라
방3, 거실
3,000 / 20

❻ 한국의 결혼 문화

Marriage Culture in Korea

학습 목표

- **한국의 결혼 문화에 대해 안다.**
  Learn about the culture of marriage in Korea.

- **한국에서 결혼식 때 무엇을 하는지 안다.**
  Learn about wedding ceremonies in Korea.

- **한국의 결혼 문화가 어떻게 변화했는지 안다.**
  Learn about changes in marriage culture in Korea.

한국인의 결혼, 어제와 오늘

함 사세요

전통
결혼 문화

결혼식

상견례

만남에서 결혼까지

만남

만남에서 결혼까지
From Meeting to Marriage

한국 사람들이 결혼하는 과정에 대해 알아봐요.

만남과 사귐

청혼

신혼여행

결혼식과 폐백

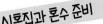

결혼식을 위한 준비

예물 준비

한국의 전통 결혼식은 이렇게 해요.

전통 결혼식 전경

전통 결혼식 상차림

나무 기러기

신랑 · 신부 입장

신랑 · 신부 맞절

부부가 되었음을 뜻하는 술

 여러분 나라에서는 결혼하기 전에 무엇을 준비해야 해요?
How do you prepare for marriage in your country?

✏️ **여러분 나라에서는 어디에서 결혼식을 하는지 써 보세요**
Write about the places where people have weddings in your country.

한국

교회

예식장

두루 알기 ❶ **만남**
Starting a Relationship

King Sejong Institute
#한국의_인사법
#한국_사람들의_모임
#결혼_적령기 #궁합

 한국에서는 이렇게 만나서 결혼을 해요.

자연스럽게 만나서 연애하기

자연스럽게 이성과 만나 사귀다가 사랑하게 되고,
결혼을 해요.

소개팅과 맞선을 통해 사귀기

소개팅과 맞선은 소개해 주는 사람이 있어요. 그런데 맞선과 소개팅은 조금 달라요.
맞선은 처음부터 결혼을 하려고 만나는 것이에요.

 한국 사람들은 이렇게 데이트하고 이벤트도 해요.

영화 보기

드라이브하기

맛있는 식당 찾아가기

기념일 챙기기

커플 링 맞추기

커플 옷 입기

여러분 나라에도 소개팅이나 맞선과 비슷한 것이 있어요?
Do people in your country go on blind dates or arranged meetings?

여러분 나라에서는 커플들이 주로 어디에서 무엇을 해요? 무슨 특징이 있어요?
Where do couples usually go in your country, and what do they do there? What are the characteristics of such outings?

❻ 한국의 결혼 문화 **99**

❷ 상견례
Meeting the Families of the Bride and Groom

King Sejong Institute
#한국_사람들의_모임
#시집 #장가 #시부모님
#장인어른 #장모님 #사돈

 한국에서는 이렇게 만나서 결혼을 해요.

상견례

남자와 여자가 각자의 부모님을 모시고 나와
인사를 해요.
부모님들이 결혼에 관한 일을 의논해요.
보통 식당에서 식사를 하면서 이야기를 해요.

한국에서 결혼은 신랑과 신부뿐만 아
니라 가족들이 모두 함께 준비하고 계
획하는 편이에요. 그래서 '결혼은 두
사람이 하는 것이 아니라 두 집안이
하는 것이다'라는 말도 있어요.

여러분도 역할을 나눠서 상견례를 해 보세요.
Role play your own family meeting.

❸ 결혼식
Weddings

 한국의 결혼식 특징에 대해 알아봐요.

여기가 예식장이에요.

예식장

결혼식을 전문적으로 하는 것을 목적으로 한 시설이에요.
일반적으로 결혼을 예식장에서 하지만 교회나 성당, 절 등
에서 하기도 해요.

축의금

결혼식장에 도착하면 준비한 축의금을 내요.
축의금은 신랑과 신부 쪽에서 따로 받아요.

신랑과 신부는 검은
머리가 파뿌리 되도록
살겠습니까?

주례

신랑과 신부가 존경하는 사람이 **주례**를 맡아요.
주례를 맡은 사람은 결혼 생활에 도움이 되는
좋은 말을 해 줘요.

피로연 및 답례품

결혼식 후 손님들에게 식사를 대접해요.
그리고 감사의 마음으로 선물을 주기도 해요.

여러분이 주례를 맡았다면 어떤 말을 해 주고 싶어요?
If you were to officiate somebody's wedding, what would you like to say?

여러분이 주례가 되어 보세요.
Become a marriage official for an imaginary wedding.

❹ 전통 결혼 문화
Traditional Marriage Culture

 한국의 전통 결혼 문화 중 지금도 남아 있는 것이에요.

폐백

전통 결혼식 때 신부가 시부모나 시댁 어른들
게 인사를 드리는 것이에요. 어른들께 큰절을
하며 인사를 드려요.
폐백은 현대 결혼식에서도 유지되고 있어요.

함

함은 신랑 집에서 정성껏 준비한 선물이에요.
결혼하기 전에 신부 집으로 보내요.
함 속에는 신부 부모님께 보내는 편지, 반지,
오색주머니, **원앙**, 인형 등이 들어 있어요.

이바지 음식

신부 집에서 정성을 들여 만들어 신랑 집에
보내는 음식이에요. 안주류와 반찬류, 떡,
과자가 있어요. 이 음식의 종류는 지방마다
조금씩 달라요.

⑤ 함 사세요
Please Buy a Ham(wedding gift box from groom to bride)

King Sejong Institute
#함_들어오는_날
#함_팔기 #폐물
#흥정 #노자
♡ 🗨 👍 ✉

 신랑은 신부 집에 어떻게 함을 보낼까요?

함을 팔기 위해서
여러 물건을 준비해요.

청사초롱

함진아비

오징어 가면

신랑 친구들 중에서
함을 메고 있는 사람을 함진아비
라고 해요. 이 사람은 오징어로
만든 가면을 쓰고 있어요.

신랑 친구들이 함을 팔러 왔
어요. 진짜로 파는 것은 아
니에요. 주로 신부 친구들이
함진아비를 맞이해요.

신부 집에서 맛있는 음식과
술을 준비해서 함진아비와
신랑 친구들에게 대접해요.

함진아비는 신부 집 문 앞에
서 **박**을 발로 밟아 깨야 돼요.
그러면 나쁜 일이 생기지 않
는다고 해요.

여러분 나라에서는 결혼을 할 때 남녀가 서로 선물을 주고 받아요?
Do the bride and groom exchange gifts in your country?

무엇을 주고 받아요?
What kinds of gifts are exchanged?

한국인의 결혼, 어제와 오늘
The Past and the Present of Korean Marriage

관혼상제와 혼례

예로부터 한국 사람들은 관혼상제를 중요하게 여겼는데, 관혼상제란 관례, 혼례, 상례, 제례를 아우르는 말로 인생의 중대사를 뜻한다. 그 중에서 혼례는 여자와 남자가 평생 함께 할 것을 약속하는 의식이다. 예를 갖추어 의식을 치르면 비로소 부부가 되고 이후 평생을 같이 하게 된다는 뜻에서 혼례를 '백년가약'을 맺는 일이라고 하였다. 전통적으로 한국 사람들은 혼례를 단순히 한 남자와 한 여자가 개인으로서 연을 맺는 것으로만 보지 않고 두 집안이 하나로 합쳐지는 것으로 여겼다. 그래서 결혼은 양가의 수준을 맞추어 해야 하는 것이라는 생각이 강하였다. 과거에 대부분의 양반가에서 중매결혼을 한 것도 이러한 이유에서였다.

Ceremonial Occasions and Marriage

From old times, Koreans have regarded traditional ceremonial occasions to be very important. These ceremonial occasions are the important milestones of life, including coming of age ceremonies, weddings, funerals, and ancestral rites. Of course, a weddings is a ceremony wherein man and a woman promise to be together forever, and this is why Koreans have called it a 'beautiful pledge for 100 years of commitment'. Traditionally, Korean people considered marriage as not just the binding of two people together, but also as a merging of two families. Therefore, the two families were expected to be at a similar societal level. This is why the aristocrats engaged in arranged marriages.

한국인들의 전통적 가치관에서는 결혼을 반드시 해야만 하는 의례로 여겼기에 결혼을 해야만 비로소 온전한 성인으로 대접받을 수 있었다. 이 때문에 과거에는 연령으로나 신체로나 다 큰 성인이라도 아직 결혼하지 못한 사람은 어린애처럼 여겨 어른의 대우를 받지 못했고, 집안의 중요한 일을 의논할 때도 발언권이 약했다. 외모 상으로도 구별을 두었는데, 결혼한 사람에 한하여 남자는 갓을 쓰고, 여자는 비녀를 꽂을 수 있었다. 심지어 결혼하지 못한 채 죽은 남녀의 영혼은 저승으로 가지 못하고 처녀귀신, 몽달귀신이 되어 이승을 떠돈다고 생각하여, 영혼결혼식을 치러 주는 일이 흔했을 정도로 결혼을 중요하게 생각했다.

Traditional View on Marriage in Korea

According to Korean values, marriage was a rite of passage for becoming and being treated as an adult. Therefore, in the past, a full grown man was not considered as an adult if he was not married. His opinion was also not considered regarding family matters. There were distinctions in appearances for married people, with married men wearing 'gat' (traditional hats) and married women wearing 'binyeo' (traditional hairpins). Moreover, when an unmarried man or woman passed away, people thought their spirits couldn't rest in peace. So it was common to hold ghost weddings for unmarried souls.

현대 한국인의 변화하는 결혼관

시대가 바뀌어 산업화와 경제 발전으로 한국 사회의 구조가 크게 변화하고 국제화로 다양한 문화가 유입되면서 현대 한국인들의 가치관도 빠르게 변화해 왔으며, 그에 따라 결혼관 역시 예전에 비해 많이 달라졌다. 예나 지금이나 결혼이 인생에서 가장 중요한 결정을 하는 순간이라는 생각에는 변함이 없지만, 예전처럼 성인이 되었다고 해서 의무감으로 또는 당위적인 의례로서 결혼을 해야 한다고 생각하지는 않는다. 또한 집안이나 가족의 결합이라는 의미를 결혼의 최우선 가치로 보지도 않는다. 이제 자신이 설정한 삶의 목표나 인생 계획 안에서 결혼의 가치와 비중을 따져 보고 결혼 여부와 시기를 결정하는 한국인들이 많아지고 있다. 이와 같은 결혼관의 변화로 '결혼하기에 적당한 나이대'라는 뜻의 '결혼 적령기'나 그러한 나이를 넘어섰다는 뜻이 강조된 '노총각', '노처녀'와 같은 표현은 덜 쓰게 된 반면, 만혼과 계약 결혼과 같은 변화된 결혼관을 보여 주는 표현들이 자주 등장하게 되었다.

Changing Views on Marriage in Modern Day Korea

With industrialization, rapid economic growth, and the inflow of different cultures due to globalization, the values of modern Korean people have changed alongside shifts in social structure. Following these changes, views on marriage have also changed greatly. Marriage is still considered as most important decision in life, but it is no longer a duty or a rite of passage for being an adult. Also, the merging of two families is no longer the most prioritized value in marriage. Nowadays, a growing number of people weigh the importance of their goals and plans in life with marriage and decide if or when they will be married. Thus, terms and concepts that emphasize a certain age vary for marriage, such as 'marriageable age', 'spinster', or 'old bachelor', are used less in society. However, expressions like 'late marriage' or 'contractual marraige' that show changes in perspectives on marriage have emerged.

현대 한국 사회에서 결혼은 이제 더 이상 필수가 아니라 선택이 되었다. 최근에 와서는 아예 결혼 자체를 거부하는 사람들도 점점 늘고 있다. 그리고 이를 '미혼'과 구별하여 '비혼'이라는 말로 표현하기도 한다. 결혼관의 변화, 결혼으로 인한 경제적 부담의 증가, 육아와 자녀 교육의 어려움 증대, 자유로운 독신 생활에 대한 선망 등 결혼을 거부하는 데에는 여러 가지 이유가 있고, 그 이유 중에는 일면 공감되는 부분도 있다. 하지만 '비혼자'의 증가가 장차 이 사회에 어떤 결과를 가져올지에 대해서는 우리 모두가 진지하게 생각해 볼 필요가 있다.

Nowadays in modern Korean society, marriage is no longer a necessity but a choice. In fact, recently more and more people are refusing to get married altogether. These people are distinguished from 'unmarried' people and are simply referred to as 'singles'. There are many reasons why people choose not to get married, including changes in marital values, the economic pressures of marriage, increasing difficulties in raising children, and a desire for the freedom of being single. Of course, some of these reasons are certainly understandable. However, we should also take time to consider the societal repercussions that an increase of 'singles' can bring in the future.

 이번 단원에서 배운 내용을 확인해 봐요.

1 결혼식 전에 신랑 집에서 신부 집으로 무엇을 보내요?

①

②

③

2 만남에서 결혼까지의 순서를 쓰세요.

(1)

(2)

(3)

(4)

 – – –

➐ 한국의 대중문화

Korean Pop Culture

학습 목표

- 한국의 대중문화에 대해 안다.
  Learn about Korean pop culture.

- 한국 대중문화의 특징에 대해 안다.
  Learn about the features of Korean pop culture.

- 한국 대중문화가 어떻게 변화했는지 안다.
  Learn about changes in Korean pop culture.

한류의 어제와 오늘

K-뷰티

한국의
공연 문화

한국의 시대별
대중가요

한국의 다양한 대중문화

한국의
텔레비전 속
이야기

한국의 다양한 대중문화
Various Types of Pop Culture in Korea

 한국의 대중문화에 대해 알아봐요.

K-POP 문화

공연 · 영상 문화

온라인 · 모바일 문화

K-패션 · K-뷰티

한국의 K-POP과 공연 · 영상 문화에 대해 알아봐요.

K-POP 문화

한국의 대중가요를 K-POP이라고 하죠?
특히 아이돌 가수들의 댄스 음악이 세계적
으로 유명해요.

공연 · 영상 문화

K-드라마와 영화, 예능 프로그램도
인기가 많아요.
또 한국 사람들은 길거리 공연, 연극,
뮤지컬 등을 즐겨 봐요.

한국의 다양한 대중문화
Various Types of Pop Culture in Korea

한국의 온라인 · 모바일 문화와 K-패션 · K-뷰티에 대해 알아봐요.

온라인 · 모바일 문화

한국 사람들은 웹툰, 웹소설을 즐겨 읽어요.
그리고 한국에서는 온라인 게임이 인기가 있어요. 스마트폰으로 하는 게임도 발달했어요.

K-패션 · K-뷰티

한국 사람들은 한국 사람들만의 독특한 패션 스타일을 가지고 있어요.
또 한국 사람들의 화장법 및 헤어스타일링은 세계적으로 유명해요.
품질이 좋고 새로운 화장품도 많아요.

 여러분 나라를 대표하는 대중문화는 뭐예요?
What kind of pop culture represents your country?

미국

중국

영국

인도

나라 이름 (지역)	대표적인 대중문화
한국	K-POP, 가족 드라마

여러분은 어떤 노래, 드라마, 영화, 게임을 좋아해요?
What kinds of music, TV drama series, movies, games do you like?

❶ 한국의 시대별 대중가요
Korean Pop Music by Period

King Sejong Institute

#K-POP #한류
#명곡 #아이돌

 한국 대중가요의 시대별 특징을 알아봐요.

1960 ~ 70년대

· 청년 문화
· 통기타 음악
· 포크 음악
· 트로트

♫ 히트곡

★ 패티김 〈이별〉
★ 이미자 〈동백 아가씨〉
★ 펄시스터즈 〈커피 한 잔〉
★ 남진 〈님과 함께〉
★ 나훈아 〈고향길〉

1980년대

· 대학가요제
· 발라드 음악
· 댄스 음악
· 록밴드
· 소극장 공연
· 트로트

♫ 히트곡

★ 조용필 〈단발머리〉
★ 이선희 〈J에게〉
★ 정수라 〈아, 대한민국〉
★ 이문세 〈가로수 그늘 아래 서면〉
★ 변진섭 〈너에게로 또 다시〉
★ 주현미 〈짝사랑〉

1990년대

- 대중음악의 상업화
- 댄스 그룹 '서태지와 아이들' 등장
- 댄스 음악
- 발라드
- 1세대 아이돌x

🎵 히트곡

★ 서태지와 아이들 〈난 알아요〉
★ 신승훈 〈보이지 않는 사랑〉
★ H.O.T 〈캔디〉
★ god 〈사랑해 그리고 기억해〉

2010년대

- 신한류 열풍
- 공개 오디션 프로그램
- 대형 기획사

🎵 히트곡

★ 싸이 〈강남스타일〉
★ EXO 〈으르렁〉
★ TWICE 〈TT〉
★ 방탄소년단 〈피땀눈물〉

2000년대

- 한류의 시작
- 디지털 음원 시장
- 복고 음악

🎵 히트곡

★ 보아 〈No.1〉
★ 동방신기 〈주문〉
★ 소녀시대 〈소녀시대〉
★ 원더걸스 〈Tell me〉
★ 2PM 〈Heartbeat〉
★ 슈퍼주니어 〈Sorry Sorry〉

여러분 나라의 대중가요는 어떤 특징이 있어요?
What are the characteristics of your country's pop music?

❷ 한국의 텔레비전 속 이야기
Stories in Korean Television

King Sejong Institute
#모임_속_재미있는_게임
#K-DRAMA
#드라마_촬영지 #OST

 한국 드라마에 어떤 특징이 있는지 알아봐요.

한국에는 월화, 수목, 금토, 주말, 일일 드라마가 있어요.
아침 일찍부터 밤늦게까지 드라마를 볼 수 있어요.
드라마의 내용도 다양해요.

TV 멜로

TV 사극

TV 추리 및 법정

TV 의학

 한국 사람들이 좋아하는 예능 프로그램을 알아봐요.

한국에는 오디션 프로그램, **리얼 버라이어티**, 쿡방, 먹방 등 다양한 프로그램들이 있어요.

예능 프로그램 안에서
다양한 게임도 해요.

코끼리코 게임

복불복 게임

이름표 떼기 게임

 재미있는 한국 예능 프로그램 속 게임을 함께 해 볼까요?

이름표 떼기 게임

게임 방법

❶ 각자의 이름표를 준비해서 등에 붙여 주세요.
❷ 팀을 나누어 주세요.
❸ 각 팀은 서로 다른 팀의 이름표를 떼기 위해 함께 행동합니다.
❹ 다른 팀의 모든 이름표를 떼면 승리하게 됩니다.

여러분이 좋아하는 한국 드라마를 소개해 보세요.
Talk about your favorite Korean drama.

여러분의 나라에는 어떤 예능 프로그램이 있어요?
What kind of entertainment shows does your country have?

❸ 한국의 공연 문화
Korean Performance Art

King Sejong Institute
#야외_활동_ㅣ
#도심_속_휴가 #문화생활
#문화가_있는_날 #콘서트
#뮤지컬 #B-boy_공연 #난타

 한국의 길거리 공연에 대해 알아봐요.

여러분 나라에서는 길거리 공연으로 유명한 곳이 어디예요?
Which locations in your country are famous for street performances?

재미있는 길거리 공연을 소개해 주세요.
Talk about interesting street performances.

King Sejong Institute

#한국에서_쇼핑하기
#기초_화장품 #색조_화장품
#아이돌_메이크업
#YouTube

 ## K-뷰티에 대해 알아봐요.

한국 화장품이 인기를 끌고 있죠? 한국에서 인기 있는 화장품에 대해 알아봐요.

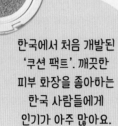

한국에서 처음 개발된 '쿠션 팩트'. 깨끗한 피부 화장을 좋아하는 한국 사람들에게 인기가 아주 많아요.

외국인들에게 더 인기가 많은 '마스크 팩'. 품질도 좋고 가격도 싸서 한국에 가는 외국인들이 선물로 많이 사요.

요즘 한국에서는 '립틴트'가 유행이에요. 특히 젊은 사람들이 자연스러운 화장을 하고 싶을 때 많이 써요.

한국의 기초 화장품도 외국인들에게 인기가 많아요. 품질이 좋아서 해외에서 인기가 많아요.

요즘 동영상 사이트에 가면 한국의 유명한 화장법 소개 영상을 볼 수 있어요. 한국의 화장법도 배울 수 있고 요즘 한국에서 유행하는 화장품 정보도 알 수 있어요.

여러분 나라의 독특한 화장법이 있으면 소개해 보세요.
Talk about unique make-up styles in your country.

오랜 세월 빛나는 문화를 이룩해 온 나라들 중 오로지 자신들의 고유문화만을 고수해 온 경우는 거의 없다. 역사 속에서 문화는 끊임없이 교류하며 발전해 왔다. 한국문화 역시 그렇다. 주변 국가에 영향을 받기도 하고 주기도 하였다. 과거 통일신라(676~935년) 시대로 거슬러 올라가면 당나라(618~907년) 동해안 연안 각지에 '신라방'이라는 곳이 있었다. 그곳에서 신라인들은 아라비아, 페르시아 등의 상인과 교역을 하거나 신라와 일본을 왕래하며 무역을 하였다. 그 과정에서 신라의 문화나 문물이 중국이나 다른 나라에 전해지기도 하였으며 다른 나라의 문화나 문물이 신라에 전해지기도 했다.

Among countries that have established a long history of culture, there aren't many countries that have exclusively maintained their own cultures. Throughout history, cultures have developed through continuous interactions with one another, and the same has proven true for Korea. Over the centuries, Korea has both received and shared influence with its surrounding cultures. When we look into the period of the Unified Silla Dynasty (676-936), venues called 'Silla-bang' existed across the eastern coast of the Tang (618-907). The people of Silla traded with merchants from Arabia and Persia in those locations, and they also visited Japan for commerce. During this process, the culture of Silla spread to China and neighboring countries, and sometimes the culture of other countries arrived in Silla.

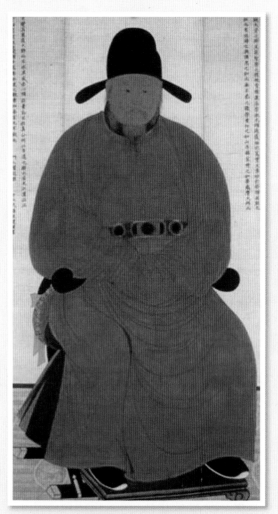

▲ 고려의 복식_이색영정, 국립중앙박물관 소장

또한 아시아 전역을 제패하며 주변 국가에 문화적으로 많은 영향을 미쳤던 중국의 원나라(1271~1368년) 시대에도 '고려양'이라고 하여 마치 지금의 한류가 퍼진 것과 같이 고려의 문물이 크게 유행했다고 한다. 고려인의 의복, 신발, 모자 등의 복식은 물론 고려 만두, 떡 등의 음식도 급속도로 전파되어 심지어 원나라의 왕실에서도 선호하였다고 한다.

Moreover, even during the era of the Won Dynasty(1271-1368), when China gained dominance over the Asian continent, the culture of the Korean Dynasty gained great popularity, being referred to as 'Goryeo-yang' which is similar in meaning to the modern 'Korean wave'. Goryeo's attire and food spread rapidly, and even the royal family of the Won Dynasty were known to have enjoyed them.

우리가 알고 있는 한류(韓流)라고 하는 말은 한국 대중문화에 대한 중국인들의 열광을 표현하기 위해 2000년 2월에 중국 언론이 처음 사용한 말이다. 한류는 한국의 대중문화, 즉 한국에서 제작된 영화, 방송, 음악, 패션 등이 해외에서 인기리에 소비되는 문화적 현상이다.

The concept of the 'Korean Wave' was first used by Chinese media in February 2000 to show the Chinese peoples' enthusiasm for Korean pop culture. The Korean Wave, also known as 'Hallyu', is a cultural phenomenon in which Korean pop culture including movies, TV shows, music, and fashion are popularly consumed overseas.

1993년 TV드라마 〈질투〉를 시작으로, 1997년 〈사랑이 뭐길래〉, 1999년 〈별은 내 가슴에〉 등이 중국에 소개되어 인기를 얻으면서부터 중국 내 한국 대중문화 열풍이 시작되었다. 다양하고 세련된 콘텐츠가 인기 요인이었다. 이후 한국 대중문화 열풍은 중국뿐 아니라 베트남, 타이, 인도네시아, 몽골, 필리핀 등 아시아 전역으로 확산되었다.

The Korean pop culture fad in China started with the continued success of Korean TV drama series, including 'Jealousy' (1993), 'What is Love' (1997), and 'Stars in My Heart' (1999). The sophistication and variety of the content were responsible for this great popularity. Later, the Korean pop culture fad spread all across Asia, including Vietnam, Thailand, Indonesia, Mongolia and the Philippines.

한류의 어제와 오늘
The Past and Present Status of the Korean Wave

2000년 이후에는 드라마와 가요, 영화 등의 대중 문화뿐 아니라 김치, 고추장, 라면 등의 한국 음식과 가전제품 등에 대한 선호 현상 또한 뚜렷이 나타나기 시작했다. 또 한국에 깊은 관심을 가지고 한국어를 배우는 젊은이도 증가했다.

After the year 2000, favor for Korean food and electronics also became widespread. Moreover, an increasing number of younger generations showed interest in Korea and started to study the Korean language.

한류 현상은 TV드라마, 대중가요를 중심으로 처음 시작되었는데 시간이 지나면서 패션, 음식, 게임, 문학 등 한국의 다양한 문화 장르로 범위가 확산되었다. 이처럼 확대된 한류의 현상을 신한류 또는 제2의 한류라고 한다.

The Korean Wave started with the popularity of TV shows and pop music and later it spread to other areas of culture, including fashion, food, the game industry, and literature. This expansion in the Korean Wave phenomenon is now called the 'New Korean Wave', or the 'Second Korean Wave'.

초기의 한류는 중화권과 일부 동남아시아 지역(필리핀, 베트남 등)을 중심으로 확산되었다. 그러나 최근의 한류(신한류)는 중화권 중심에서 벗어나 중앙아시아와 동남아시아로 그 영역을 빠르게 넓혀가고 있다.

The initial stage of the Korean Wave was mainly centered in Chinese regions and some Southeast Asian regions (the Philippines, Vietnam). However, the recent Korean wave (Second Korean Wave) is rapidly spreading its influence to the Central and Southeast Asian regions.

근래에 들어 아메리카 대륙, 유럽 등지에서도 한류 문화에 관심을 가지기 시작했다. 이제 한국 문화는 한국인의 문화를 넘어 세계인의 문화로 자리잡게 된 것이다. 한류 문화가 단순히 세계인에게 전파된 한국의 독특한 문화 현상에 그치는 것이 아니라 세계이이 상호 이해하고 소통하게 하는 문화적 통로로서의 역할을 담당하게 되기를 기대한다.

Recently, a strong interest in Korean culture has emerged in the American continents and Europe as well. Thus, Korean culture has become a part of global culture. However, the Korean Wave should not simply limit itself to being a unique cultural trend, rather a cultural channel for people around the world to mutually understand and interact with one another.

한류의 확산

 이번 단원에서 배운 내용을 확인해 봐요.

❶ 친구와 함께 듣고 싶은 한국의 대중음악이 있어요? 함께 들어 보세요.

듣고 싶은 한국의 대중음악	이유

❷ 이 단원을 공부하고 나서 새롭게 관심을 갖게 된 한국의 대중문화가 있어요? 아래에서 하나를 골라 보세요. 그리고 그것을 고른 이유에 대해 이야기해 보세요.

K- POP 문화

공연 · 영상 문화

온라인 · 모바일 문화

K- 패션 · K-뷰티

❽ 한국의 지리
The Geography of Korea

학습 목표

● **한국의 지리적 특징에 대해 안다.**
Learn about the geographical characteristics of Korea.

● **한국의 다양한 지형에 대해 안다.**
Learn about the geographical features in Korea.

● **한국의 풍수지리 요소에 대해 안다.**
Learn about the lives of Korean people based on topographical characteristics and location.

한반도의 위치와
한국인의 삶

한국의 바다

한국의 지형과
날씨

한국의 위치와 지형

독특한 지형과
날씨

한국의 수도
서울

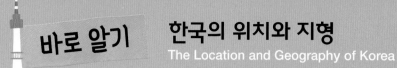

 한국이 어디에 있는지 알아봐요.

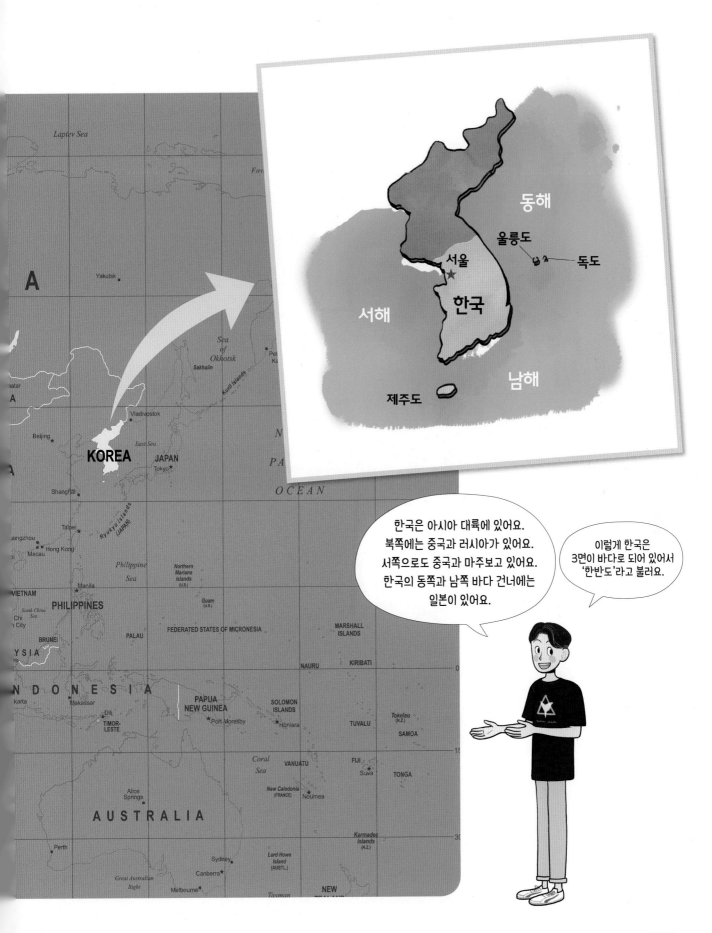

한국은 아시아 대륙에 있어요.
북쪽에는 중국과 러시아가 있어요.
서쪽으로도 중국과 마주보고 있어요.
한국의 동쪽과 남쪽 바다 건너에는
일본이 있어요.

이렇게 한국은
3면이 바다로 되어 있어서
'한반도'라고 불러요.

한국의 위치와 지형
The Location and Geography of Korea

한국 지형의 특징에 대해 알아볼까요?

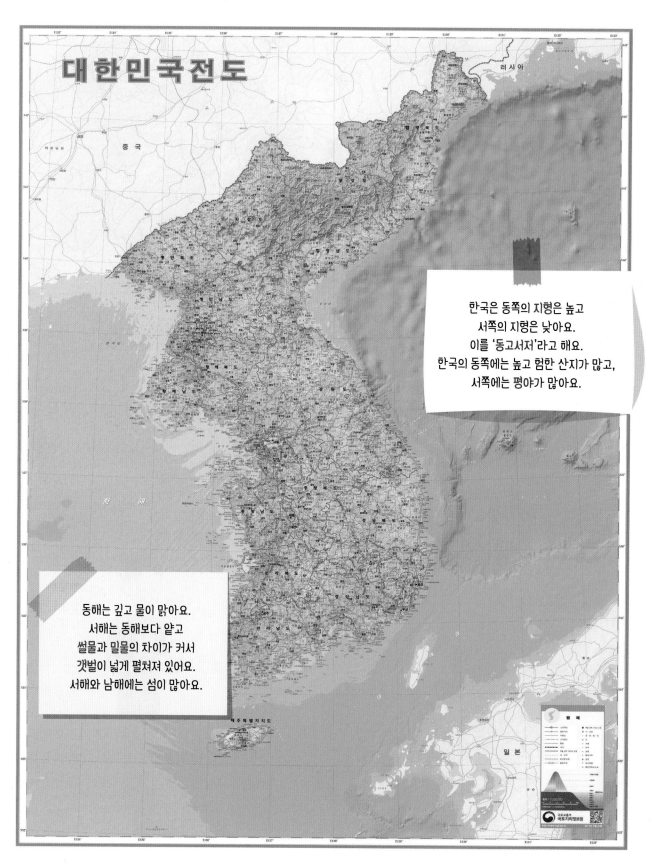

한국은 동쪽의 지형은 높고
서쪽의 지형은 낮아요.
이를 '동고서저'라고 해요.
한국의 동쪽에는 높고 험한 산지가 많고,
서쪽에는 평야가 많아요.

동해는 깊고 물이 맑아요.
서해는 동해보다 얕고
썰물과 밀물의 차이가 커서
갯벌이 넓게 펼쳐져 있어요.
서해와 남해에는 섬이 많아요.

 여러분 나라의 지형적 특징에 대해서 이야기해 보세요.
Talk about the geographical features of your country.

	예 한국
주변국	중국, 일본
특징	(1) 3면이 바다로 둘러싸여 있어요. (2) 섬이 많아요. (3) 동쪽에는 산이 많고 서쪽에는 평야가 많아요.

	국가 이름 :
주변국	
특징	(1) (2) (3)

 여러분 나라에서 한국에 가려면 얼마나 걸려요?
How long does it take to get to Korea from your country?

❶ 한국의 수도 서울
Seoul: The Capital of Korea

King Sejong Institute
#지하철_노선도와_서울
의_주요_장소 #서울
#도심_속_휴가
#경복궁 #광화문

 한국의 수도 서울에 대해 알아봐요.

서울은 산이 많아요. 한강이 도시 한 가운데로 흐르고 있어요.

서울은 600년 동안 수도였어요. 그래서 볼거리가 아주 많아요.

여러분 나라의 수도는 어디인가요?
Where is the capital of your country?

어떤 특징이 있나요?
What are the features of the capital?

조선 시대

2000 년대

서울은 조선 시대에도 수도였어요. 서울의 모습은 시간이 흐르면서 많이 달라졌어요.

과거의 숭례문

현재의 숭례문

과거의 청계천

현재의 청계천

❷ 독특한 지형과 생활
Unique Topographical Features and Lifestyle

King Sejong Institute
#기후와_가옥 #한국의_
여행지 #한국인의_휴가
#섬 #현무암 #바람
#삼다도 #쌀농사 #평창
♡ ▢ 👍 ✉

 한국의 독특한 지형에 따른 생활을 살펴봐요.

제주도는 화산 활동으로
만들어져서 지형이 독특해요.
구멍 뚫린 돌이 많고 바람이 많이
불어서 농사 짓기가 힘들어요.
바다에서 일을 하는
해녀들이 많아요.

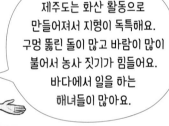

 한국의 독특한 지형에 따라 발달한 산업을 알아봐요.

> 한국의 큰 하천은 서쪽과 남쪽에 많아요. 하천 주변에는 평야가 많아요. 그래서 한국의 서쪽과 남쪽에는 농업이 발달했어요.

> 한국의 동쪽은 산이 높고 평지가 적어 목축업이 발달했어요. 눈이 많이 와서 스키장도 많아요. 겨울에는 많은 사람들이 찾아와요.

여러분 나라에는 독특한 지형이 있어요?
What are the unique terrain features of your country?

독특한 지형에 따라 발달한 산업이 있어요?
Did any industries develop around the unique terrain of your country?

❸ 한국의 지형과 날씨
Korea's Geography and Weather

King Sejong Institute

#기후와_가옥
#한국의_겨울_준비_김장
#푄_현상

 한국의 지형과 날씨를 알아봐요.

주변이 산으로 둘러싸여 있는 평평한 지역을 분지라고 해요. 분지 지형은 비가 적게 오고 기온이 높은 것이 특징이에요.

서울의 평균 기온과 강수량을 비교해 보면, 대구는 서울보다 여름의 기온이 높고 강수량이 적다는 것을 알 수 있어요.

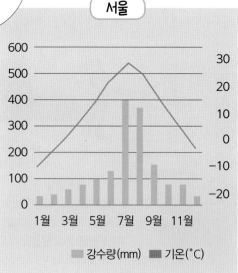

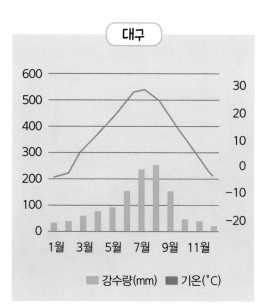

여러분의 나라에서 가장 더운 곳은 어디인가요?
What is the warmest region in your country?

그곳의 지형적 특징은 무엇인가요?
What kinds of geographical features are in that region?

❹ 한국의 바다
Korea's Ocean

King Sejong Institute
#계절별_지역_축제
#한국의_여행지
#한국인의_휴가
#리아스식_해안

한국의 3면을 둘러싸고 있는 바다의 특징을 알아봐요.

한국은 3개의 면이 바다와 맞닿아 있는 반도 국가예요. 동해, 서해, 남해로 불리는 각각의 바다는 그 모습과 깊이, 바다 속의 모래와 흙, 잡히는 물고기 등이 모두 달라요.

동해는 해안선이 단순하고 모래밭이 넓게 펼쳐져 있어 유명한 해수욕장이 많아요.

동해

서해

서해는 해안선이 매우 복잡하고 갯벌이 넓게 발달해 있어요.

남해는 약 2,000여 개가 넘는 섬이 있는 것이 특징이에요. 그래서 '섬이 많은 바다'라는 뜻의 '다도해'라고도 불러요. 이 지역은 경치가 매우 아름다워 국립공원으로도 지정되어 있어요.

남해

여러분의 나라에는 바다가 있어요?
Does your country border an ocean?

그곳의 특징은 무엇이에요?
If so, what are the characteristics of the ocean?

한반도의 위치와 한국인의 삶
The Geography of Korea and the Lives of Korean People

한반도는 3면이 바다로 둘러싸인 반도국이다. 이러한 지리적인 위치로 인하여 예부터 주변국의 정세에 따라 많은 영향을 받아왔는데, 근대에는 대륙 세력과 해양 세력의 각축장이 되기도 하였다. 하지만 반도라는 지형은 사람과 물자가 모여드는 구심점의 역할을 하기 때문에 다른 나라와의 문화 교류 및 해외 무역 등에 매우 유리하다. 실제로 이러한 반도국으로서의 이점은 한반도가 '한강의 기적'으로 불리는 국가 발전을 이루는 데에 원동력이 되었다고 할 수 있다.

The Korean Peninsula is surrounded by water on 3 sides. Due to its geographical location, it has been influenced by the neighboring countries for a long time. In modern times, it has become a center of continental and maritime forces. However, the peninsula is very advantageous for cultural exchange with other countries and foreign trade because it plays a central role in gathering people and goods. Indeed, the advantages of the Korean Peninsula were the driving force behind the amazingly rapid growth of the country, which has been called the 'Miracle of the Hangang River'.

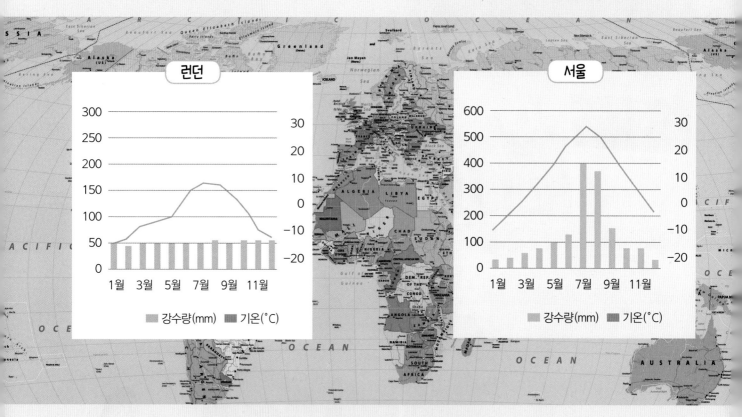

한반도는 유라시아 대륙 동안에 위치하고 있고 연교차가 큰 대륙성 기후를 보이는 지역이다. 또한 대륙과 해양 사이에 위치하여 사계절이 뚜렷하고, 계절에 따라 기후가 다르기 때문에 이에 따른 생활 양식 또한 달라지는 것이 특징이다. 동일한 위도에 위치한 런던과 서울을 비교해 보면, 서울이 런던에 비해 계절별 기온 및 강수량의 차이가 매우 크다는 것을 확인할 수 있다.

The Korean peninsula is located in the east coast of Eurasian continent and has a continental climate with a wide annual temperature range. It is also located between the continent and the ocean, with four distinctive seasons and different climates during each season. When comparing London and Seoul latitudinally, we can see that the differences in seasonal temperature and precipitation between the two cities are very large.

한반도에서는 예부터 이러한 계절의 변화에 적응하기 위한 노력의 산물로서 특징적인 문화가 다양하게 발달하였다. 예를 들어 계절별 강수량의 차이가 크기 때문에 물을 가두어 두고 효율적으로 이용하기 위한 저수지가 많이 만들어졌고 이는 한국 농촌의 특유한 풍경을 만들어냈다. 또한 계절별 강수량의 차이를 극복하기 위해서는 정확한 강우량을 측정하는 것이 필요했는데 이 필요는 측우기 발명이라는 결과를 낳았다.

Distinctive cultures have developed on the Korean peninsula as a product of efforts to adapt to these seasonal changes. For example, because of the large difference in seasonal precipitation, many reservoirs were built to store water and utilize it efficiently, creating the unique landscape of Korean rural areas. It was also necessary to measure the accurate amount of rainfall and this resulted in the invention of the rain gauge.

또한 계절별 기온 차이를 극복하기 위해 전통 가옥인 한옥에는 온돌과 마루라는 특별한 구조가 더해졌다. 온돌은 춥고 찬바람이 부는 겨울 동안 방 안을 데우는 역할을 해 주었고, 마루는 비교적 습도가 높고 더운 여름 동안 공기의 흐름을 최대한 원활하게 해 주어 쾌적한 환경을 만들어 주었다. 마루의 면적이나 구조, 모양은 다시 지역과 기후의 특성을 반영하여 차이를 두었다.

To overcome the seasonal temperature differences, the traditional Korean house called 'Hankok', featured special structures called 'ondol' and 'maru'. The 'ondol' warmed the room during the cold winters and the 'maru' made the air flow smoothly through the house during the hot, humid summer, creating a pleasant environment. Furthermore, the difference in the size, structure, and shape of the 'maru' reflected the characteristics of each region and its climate.

▶ 물을 효율적으로 이용할 수 있도록 한 저수지

▶ 강우량을 측정하는 측우기,
국립고궁박물관 소장

▶ 추운 겨울을 지내기 위한 온돌방

▶ 무더운 여름을 지내기 위한 마루

한반도의 지형을 그려 보이려는 노력은 선사 시대의 암각화에서부터 찾아볼 수 있다. 한반도 지형을 그린 것 중 가장 대표적이며 역사적으로 의미 있는 것을 꼽으라면 1861년 실학자이자 지리학자인 김정호가 그린 〈대동여지도〉를 들 수 있을 것이다. 〈대동여지도〉는 근대적 기술로 제작한 현대 지도와 비교하여도 손색이 없을 만큼 치밀하고 정확하기로 손꼽힌다. 김정호 선생은 지도 제작을 위하여 한반도를 3번이나 답사하였으며 백두산은 8번이나 오른 것으로 전해진다. 그는 한반도를 북쪽에서 남쪽으로 120리 (약 47km)로 나누어 전체를 22개의 층으로 만들고, 각 층을 80리(약 37km) 간격으로 끊어서 첩으로 제작하였다. 22개의 첩을 모두 연결하면 우측의 사진과 같은 대형 전도가 되는데 그것이 바로 〈대동여지도〉이다.

The efforts to draw the topography of the Korean Peninsula can be found in prehistoric petroglyphs. One of the most representative and historically significant examples is the 'Daedongyeojido' drawn in 1861 by Kim Jeong-ho, a realist and a geographer. Incredibly, the 'Daedongyeojido' is considered to be as accurate and precise as modern maps made with modern technology. Kim Jeong-ho explored the Korean Peninsula 3 times and climbed Baekdusan Mountain 8 times to make maps. He divided the Korean Peninsula into sections of 120-li (about 47km) from north to south, making 22 layers, and each layer was then divided into sections of 80-li (about 37km) to create a map book. When you connect all 22 layers, you get the complete map on the right, which is the 'Daedongyeojido'.

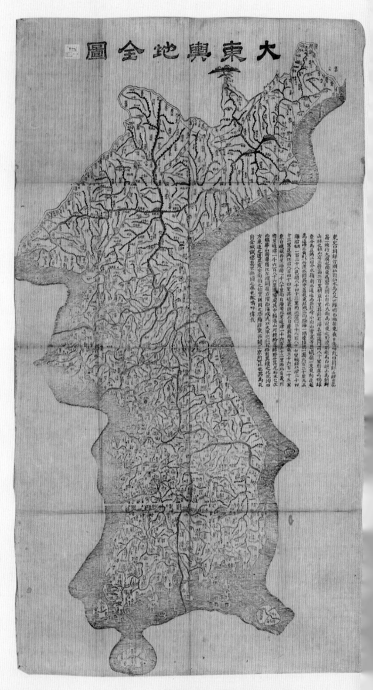

▲ 대동여지도(大東輿地圖), 1861
목판본, 각층 30.5×171.5cm(총 22층),
국립중앙박물관 소장

한편 한반도의 지형은 호랑이가 포효하고 있는 모습으로 묘사되곤 한다. 호랑이는 예부터 한반도의 민족성을 대표하는 동물로, 단군 신화에도 등장한다. 이를 통해 호랑이는 태곳적부터 민족적 시작을 함께하고, 한민족의 민족성을 반영한 동물임을 알 수 있다.

Meanwhile, the topography of the Korean Peninsula is often depicted as a roaring tiger. The tiger is an animal that represents the ethnicity of Korea, also making an appearance in Dangun mythology. This mythology depicts the tiger as an animal that shared in the birth of the nation, and put forth the idea that the tiger best reflects the character of the Korean people.

호랑이가 두 발을 들고 동아시아 대륙을 향하여 포효하고 있는 듯한 모습으로 형상화된 한반도 지도는 한민족의 진취적인 민족성을 잘 드러내고 있다. 이는 넓지 않은 국토 면적에도 불구하고 국제 무대에서 두각을 드러내는 한국민의 기상을 잘 표현하고 있다고 할 수 있다.

The map of the Korean Peninsula, which shows the shape of a tiger roaring towards the East Asian continent with its two feet in the air, seems to show the progressive character of the Korean people. This is a good representation of the vigor and thriving spirits of Korean people on the international stage, despite Korea's relatively small territory.

▲ 호랑이 그림 민화, 국립중앙박물관 소장

한편 호랑이 모양 이외에도 한반도의 형상에 의미를 부여한 지도는 다양하다. 1921년 '동아일보사'에서 한반도 지도의 윤곽 안에 세 가지 이내의 사물을 그려 채운 그림을 현상 공모했을 당시, 한반도의 지형을 춤추는 사람으로 형상화하여 긍정적인 민족성을 드러내려 한 그림이나 한민족을 상징하는 무궁화를 한반도 지형 안에 채워 넣은 그림이 눈길을 끌기도 했다.

There are more maps that give meaning to the shape of the Korean Peninsula. In 1921, when the Dong-A Daily News held a prize contest asking readers to depict the outline of the map of the Korean Peninsula, some drew dancing people to express the positive attitude of the people, and some filled the map with roses of Sharon, which also symbolize the Korean people.

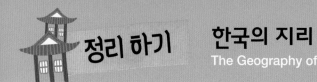
 이번 단원에서 배운 내용을 확인해 봐요.

① 지도를 보고 설명에 알맞은 곳을 골라 쓰세요.

(1) 높고 험한 산지가 많아요. ( )

(2) 깊고 물이 맑아요. ( )

(3) 섬이 많아요. ( )

(4) 갯벌이 넓게 펼쳐져 있어요. ( )

(5) 평야가 많아요. ( )

② 지도를 보고 빈칸에 알맞은 말을 쓰세요.

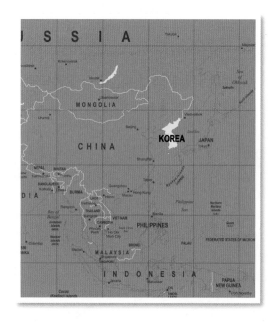

한국은 (1) ( ) 대륙에 있어요.

(2) ( )에는 중국과 러시아가 있어요.

서쪽으로도 (3) ( )과 마주보고 있어요.

한국의 동쪽과 남쪽 바다 건너에는

(4) ( )이 있어요.

부록

정답

① 축하·기념하는 날

1 (1) ② 정월 대보름

   (2) ① 설날

   (3) ③ 추석

2 ② 카네이션

② 한국인의 휴가

1 (1) 해수욕장, 바닷가

   (2) 계곡

   (3) 휴양림

   (4) 온천

2 (1) 계곡, 해수욕장, 휴양림

   (2) 템플 스테이, 물놀이

   (3) 민박, 펜션

③ 한국인의 공공 예절

1 (1) 한 줄 서기 (2) 금연하기

2 (1) ②   (2) ②

④ 한국의 날씨와 음식

1 (1) 봄   (2) 여름   (3) 비 오는 날

2 (1) X   (2) O   (3) O

⑤ 한국인의 주거 생활

1 (1) 원룸   (2) 빌라

   (3) 아파트   (4) 한옥

2 (1) 전세   (2) 월세

⑥ 한국의 결혼문화

1 ②

2 (2)–(3)–(1)–(4)

⑦ 한국의 대중문화

1 자유 활동

2 자유 활동

⑧ 한국의 지리

1 (1) ㉡   (2) ㉢   (3) ㉣

   (4) ㉠   (5) ㉠

2 (1) 아시아   (2) 북쪽   (3) 중국

   (4) 일본

자료 출처

① 축하·기념하는 날

한글날, 바로알기 14쪽, 해외문화홍보원
http://www.kocis.go.kr

광복절, 바로알기 15쪽, 현대사디지털아카이브
http://archive.much.go.kr

전통 성년례 사진, 두루 알기 21쪽, 부산광역시홍보
http://www.busan.go.kr/pr

훈민정음 언해본, 깊이 알기 27쪽, 경기도 뉴스포털
https://gnews.gg.go.kr

② 한국인의 휴가

경포대, 깊이 알기 41쪽, 한국학중앙연구원
http://www.aks.ac.kr

부산 해수욕장, 깊이 알기 41쪽, 부산광역시 홍보
http://www.busan.go.kr/pr

③ 한국인의 공공 예절

장례식장, 깊이 알기 58쪽, 현대사디지털아카이브
http://archive.much.go.kr

⑦ 한국의 대중문화

뮤지컬 '워치' 공연, 바로 알기 110쪽, 충청남도
http://www.chungnam.go.kr

가수 '페이버릿', 바로 알기 110~111쪽, 애스토리엔터테인
먼트 http://www.astoryent.com

가수 '드림캐쳐', 바로 알기 111쪽, 드림캐쳐 컴퍼니
http://www.happyfaceent.co.kr

난타공연, 바로 알기 111쪽, PMC프러덕션
http://www.i-pmc.co.kr

나훈아 골드, 이미자 골드, 바로 알기 114쪽, 지구레코드사
http://www.jigurecords.co.kr

85 MBC 대학가요제 음반, 바로 알기 114쪽, 대한민국역사
박물관 http://www.much.go.kr

이색 영정, 깊이 알기 120쪽, 국립중앙박물관
http://www.museum.go.kr

⑧ 한국의 지리

대한전도, 바로 알기 128쪽, 국토교통부 국토지리정보원
https://www.ngii.go.kr

2007 지도로 본 서울, 두루 알기 130쪽, 서울연구원
https://www.si.re.kr

1975년 남대문 전경, 두루 알기 131쪽, 서울특별시
http://www.seoul.go.kr

1972년 청계천, 두루 알기 131쪽, e 뮤지엄
http://www.emuseum.go.kr

측우기, 깊이 알기 137쪽, 국립고궁박물관
https://www.gogung.go.kr

대동여지도, 깊이 알기 138쪽, 국립중앙박물관
http://www.museum.go.kr

호랑이 그림 민화, 깊이 앍기 139쪽, 국립중앙박물관
http://www.museum.go.kr

문화 어휘 색인

기획 담당	장미경	세종학당재단 콘텐츠지원부 부장
	박성민	세종학당재단 콘텐츠지원부 과장
	석주영	세종학당재단 콘텐츠지원부 주임
집필진	박석준	배재대학교 한국어문학과/연세대학교 문학 박사
	심혜령	배재대학교 한국어문학과/연세대학교 문학 박사
	정명숙	부산외국어대학교 한국어문학부/고려대학교 문학 박사
	심지영	세종대학교 국어국문학과/서울대학교 문학 박사
	손희연	서울교육대학교 국어교육과/프랑스 파리7대학교 언어학 박사
연구 보조원	黃銀霞	배재대학교 한국어문학과/연세대학교 문학 박사
	황성은	배재대학교 글로벌교육부/배재대학교 박사
	문정현	배재대학교 미래역량교육부/배재대학교 박사 수료
	이선중	배재대학교 한국어교육원/배재대학교 박사 수료
	김용현	신라대학교 신라한국어교육원/배재대학교 문학 박사
	김윤경	연세대학교 국어국문학/연세대학교 박사 수료
	김미영	충북대학교 국제교류본부/배재대학교 문학 석사
내용 감수	김영훈	이화여자대학교 한국학과/University of Southern California Ph.D.
	권태효	국립민속박물관 학예연구관/경기대학교 문학 박사
영어 번역	백승현	고려대학교 정치외교학과
영어 감수	김재경	배재대학교 기초교육부/이화여자대학교 영어교육 박사
	Brian Calanchie	배재대학교 기초교육부/Brock University B.A.
	Chad Waller	University of Southern California Ph.D.

세종한국문화 ②

기획 세종학당재단
펴낸이 정규도
펴낸곳 다락원

초판 1쇄 인쇄 2020년 2월 24일
초판 3쇄 발행 2023년 8월 23일
책임편집 이숙희, 김숙희, 한지희
디자인 구수정, 윤지영

다락원 경기도 파주시 문발로 211
내용 문의: (02)736-2031 내선 420~426
구입 문의: (02)736-2031 내선 250~252
Fax: (02)732-2037
출판등록 1977년 9월 16일 제406-2008-000007호

ISBN 979-11-85872-69-8 93710
ISBN 979-11-85872-70-4 (세트)

http://www.darakwon.co.kr
http://koreanbooks.darakwon.co.kr
다락원 홈페이지를 방문하시면 상세한 출판 정보와 함께 MP3 자료 등 다양한 어학 정보를 얻으실 수 있습니다.

세종학당재단	www.ksif.or.kr http://www.sejonghakdang.org 누리-세종학당 홈페이지를 방문하시면 한국어·한국문화 학습 자료를 이용하실 수 있습니다.